당신은 제게 그 질문을 한 2만 번째 사람입니다

당신은 제게 그 질문을 한 2만 번째 사람입니다

지치지 않는 페미의 대답

오혜민 지음

날

책을 내며

2019년 처음 대학에서 강의를 시작했습니다. 국립
예술대학교에서 필수 교과목 〈예술가의 젠더 연습〉을 맡게
되었죠. 당시, 모든 신입생에게 페미니즘과 관련된 수업을
필수 교과목으로 이수하게 한 거의 유일한 학교였습니다.
학교에서 성폭력과 위계 폭력, 여성 혐오 문제가 불거진 사건이
있었거든요. 그 사건은 한동안 언론에도 크게 오르내렸죠.
학교에서는 이런 사건이 다시 일어나지 않길 바랐던 것
같습니다.

수업 첫날, 학생들 모습이 지금도 생생하게 떠오릅니다.
반짝이는 눈들을 반가움 반, 두려움 반으로 마주했죠. 누구를
가르치는 일은 처음이었던지라 저의 지식과 전하고 싶은
마음을 어떻게 알리고 표현해야 할지 몰라 많이 걱정했습니다.
그럼에도 마음을 다하려 애썼습니다.

학생들이 제출한 과제 하나하나에 답을 하기
시작했습니다. 답하기 어려울 때도 있었습니다. 그럴 때면 학창

시절을 떠올리며 학생 입장이 되어 보았죠. 그러면서 하나씩 풀어 갔습니다. 차츰 학생들도 반응을 보였습니다. 제가 단 의견에 자신의 의견을 더해 갔고, 고맙다며 편지를 주는 이도 있었습니다. 물론 호의적인 반응만 있지는 않았습니다.

교실에서 만난 반페미니스트

저는 자유롭게 소통하기 위해 수업 첫날에 강의실 규칙을 만듭니다. 다음과 같은 것들이죠.

- 질문과 간섭이 자유롭기 위해 교실 안에선 모두 반말을 한다.
- '정답'에 대한 강박이 완만한 공간이 되었으면 한다.
- '오답'이 가능한 것을 기억하고 '사회적 소수자'에 대해 발언하기 전에 꼭 한 번 더 생각해 보자.
- 수업 중 참여자의 말이 행동으로 불편했다면, 가능하면

강의실 안에서 무엇이 불편했는지 밝혀 주길 바란다(나도 그러겠다).

- 그럼에도 하지 못한 얘기가 있을 수 있다. 나에게 따로 연락 달라.
- 참여 중 어려운 점이 있다면 언제든 말해 달라(메일을 보내도 좋고, 수업 전후 직접 얘기해 줘도 좋다).

그런데도 이 규칙은 자주 깨졌습니다. 페미니즘 백래시는 교실에도 영향을 미쳤습니다. 불쑥 사회적 소수자를 향한 혐오 발언이 튀어나올 때도 있었죠. 저는 당황해서 그 순간을 능숙하게 넘기지 못할 때가 많았습니다. 그런 날이면 그 공간의 누구를 고통 속에 남겨 뒀다는 미안함에 잠을 설치곤 했죠.

과제함에는 수업 때 못한 말을 '고백'처럼 적어 놓은 글들이 있었습니다. 학생은 후련해 보였고 저는 그 후련한 속내를 읽는 것만으로도 반가웠습니다. 물론 이런 글만 있지는 않았습니다. 뉴스나 온라인 커뮤니티 댓글에서 흔히 볼 수 있는 페미니스트를 향한 '악담'이 달리기도 했으니까요. 하지만 어떤 글이 오더라도 저는 매번 마음을 다잡고 읽고, 또 답했습니다. 간단히 몇 문장으로 끝낼 때도 있고, 한 장짜리 에세이에 다섯 장으로 돌려주는 날도 있었습니다.

변화의 시작!

그렇게 6년을 이어 왔습니다. 그러는 사이 피드백만 천 페이지가 넘었습니다. 이렇게 열심히 피드백을 하는 이유는 일 대 다수인 교실과 달리, 피드백을 주고받을 때만은 일대일로 만나기 때문이죠. 흔치 않은 소중한 시간이라고 생각했습니다.

보람도 있었습니다. 처음과 달리 내 말에 귀를 기울이고 수업에 집중하기 시작한 학생들의 변화를 보았을 때 특히 그랬습니다. 학기 초에 "페미니스트는 똥"이라면서 수업 시간 내내 다리를 달달 떨며 노려보기만 했던 학생, "페미는 사회악"이라던 학생, "이건 내가 알 필요 없는 얘기"라며 딴짓만 하던 학생, "내 힘으로 모든 문제를 극복할 수 있으니 이런 얘기는 무능력자들이나 듣는 거"라고 외면하던 학생이 학기 말이 되면 곁눈질로라도 수업에 '참여'했습니다. 이들 중에는 학기 말에 이르러선 상기된 얼굴로 "선생님을 함부로 대한 게 미안했어요. 저를 끝까지 믿어 줘서 감사했습니다. 앞으로는 타인을 함부로 대하지 않을게요"라는 인사를 건네는 이도 있었습니다. "나의 얘기가 아닌 줄 알았는데, 그게 아니더라고요. 나의 세계가 넓어졌습니다"는 고백도 많았습니다. 그 어떤 선물보다 큰 선물이었지요. 이런 변화의 순간을 경험하며, 저는 매번 질 가능성이 더 많은 시도를 계속하고 있습니다.

잠깐, 책을 덮지 마세요!

이 책은 6년 동안 강의실에서 혹은 과제물을 통해 자주 받은 질문을 엄선해 미처 말하지 못한 것을 담아낸 것입니다. 이 책에 등장하는 모든 일화와 상황은 조금씩이라도 각색을 거쳤습니다. 누구인지 특정할 수 없을 만큼 여러 번 겪은 일입니다. 혹시라도 저와 이 책을 모두 만나게 되는 분이 있다면, 그래서 혹시라도 내가 비슷한 질문을 했던 적이 있었는지 덜컥 겁나기 시작했다면, 일단 안심하세요. 당신이 책에 등장하는 것과 비슷한 말을 한 적이 있더라도 저는 당신을 겨냥해 이 책을 쓰지 않았습니다. 다 같이 한번 곰곰이 생각해 보길 바라 쓴 것뿐입니다.

"'페미'들이 뭐라든~"이라는 마음이 들어서 책을 덮고 싶다면, 잠깐 기다려 보세요. 당신의 삶은 '반페미니즘'으로만 정의할 수 있을 만큼 그저 단순한 무엇인가요? 아니면, 당신은 저만큼이나 아주 복잡한 면모를 갖춘, 그리고 누구에게는 그 복합적인 면모를 오롯이 인정받기를 원하는 그런 존재인가요? 당신이 후자로 존재하길 원한다면, 저는 이 책을 통해 당신과 대화를 이어 가고 싶습니다.

물론 그렇다고 해서 저는 당신에게 늘 상냥하고 친절하지는 않을 것입니다. 때때로 상냥하고, 때때로 거칠며, 때때로 까칠하게 굴 겁니다. 모든 사람에게 그 모든 마음이 함께 있듯, 저도 당연히 그런 존재입니다.

이 책의 또 다른 독자는 교육자거나, 누구의 양육자거나, 혹은 설득하고 싶은 누구와 살아가는 주변인일 수 있습니다. 누구의 말이나 행동이 뭔가 이상하여 그건 아니라고 말을 꺼내고 싶기는 한데, 도무지 뭐라고 설명해야 할지 모르겠다면, 이 책을 보며 대응 전략을 마련해 보세요. 단번에 어떤 해답을 찾지는 못할 수 있습니다. 책 속 상황과 다르거나, 제 글이 속 시원하게 느껴지지 않아서일 거예요. 하지만 책을 통해 나와 고민이 같은 이를 만난다는 것만으로도, 당신을 피로하게 한 그 말에 대응할 힘은 이미 커져 있을 겁니다. 만약 그 모든 과정이 이제는 귀찮아져 더는 누구를 설득하거나 누구에게 설명하고 싶지 않다면, 마지막 애정을 모아 이 책을 상대에게 건네주세요. 아니면 단지 이 책이 있음을 보여 주고, 이 책을 읽고 생각을 정리하기 전에는 나에게 말을 걸지 말라고 선포해도 괜찮습니다. 저도 누가 나 대신 나서서 필살기를 발휘해 주었으면 하는 순간, 내 얘기를 대신 해 줬으면 하는 순간이 있고, 또 누가 만들어 둔 적절한 필살기를 찾아 써먹기도 합니다.

이번에는 제가 조금 해 볼게요. 그동안 애써 온 당신은 잠깐 쉬어도 괜찮습니다.

차례

3장 오해 좀 풀리셨나요?

1장

상상력이
풍부하시군요!

¶

집게손 모양과 쇼트커트를 하고 오조오억, 허버허버,

집게손 모양

메갈리아Megalia는 2015년 8월부터 11월까지 운영된 인터넷 커뮤니티다. 여성 혐오를 그대로 남성에게 돌려준다는 '미러링'을 운동 전략으로 삼았다. 여성 외모를 평가하는 일이 비일비재한 현실을 꼬집기 위해, 남성의 작은 성기 크기를 의미하는 집게손 모양의 로고를 사용했다. 일부 남성은 집게손 모양이 메갈리아 로고를 연상시킨다며 집게손 모양을 '남성 혐오'로 받아들인다.

한남을
입에 달고 사는
극단적인
페미니스트?

그날 수업에서는 아이리스 매리언 영의 논문 〈억압의
다섯 가지 모습〉을 소개했습니다. 착취, 무력감, 주변화,
문화제국주의, 폭력, 이 다섯 가지 양상으로 나타나는 억압의
개념을 소개하고, 조별로 모여 일상에서 자주 겪는 억압의 예를
찾아보는 시간도 가졌죠. 열정 페이를 비롯해 다양한 사례가
쏟아져 나왔습니다.

흐뭇해하며 이조저조를 기웃거렸습니다. 그런데 마지막 조
근처에 이르렀을 때 멈칫하고 말았죠.

"극단적인 페미니스트들을 폭력의 사례로 얘기할 수 있지
않을까?"

끄덕이는 학생도 있었습니다. 이 말을 한 학생에게 어떤
일을 겪었기에 저렇게 생각하게 된 건지 물었습니다. 대답이

아이리스 매리언 영(Iris Marion Young, 1949~2006)
시카고 대학교 정치학과 교수이자 미국의 대표적인 여성주의 철학자다.

없습니다. 극단적인 페미니스트라면 나 같은 사람을 말하는 거냐 물으니 우리 '유교 보이들' 완강히 손사래를 칩니다. 다시 진지하게 물었습니다.

"여러분이 생각하는 '극단적인 페미니스트'는 뭐가요? 어떤 사람인거죠?"

그러자 다음과 같은 말이 날아들었습니다.

"공격적인 '쇼트커트'? 아주 아시!"
"오조오억, 허버허버, 한남 들이 막고 가요? 머께에 하는 '페미'지?"
"집게손, '척' 이라!"

역시 저 같은 사람을 가리키는 것 같습니다. 그런데 쇼트커트면 쇼트커트지, '공격적인' 쇼트커트는 또 뭔가 싶습니다. 혹시 짧은 머리가 누굴 찌르기라도 하나요?

그건 당신의 상상일 뿐

　필수 교과목은 저에게도 학생들에게도 선택권이 없음을
말하죠. 서로 도무지 마주칠 일이 없는 사람과 만나야 한다는
의미입니다. 저는 수업을 진행하면서 온라인상에 떠도는 실체
없는 '상상 페미'를 맹신하는 학생, 말도 안 되는 헛소리만
퍼지는 커뮤니티에서 페미니즘을 접한 '반페미니스트' 학생들과
대면하게 되었죠.

　수업 첫해에는 이들을 어떻게 대해야 할지 난감했습니다.
처음 본 저를 노골적으로, 그리고 위협적으로 노려보며
적개심을 표하는 학생, 보란 듯 수업 시간에 한숨을 푹푹 내쉬는
학생, 수업을 시작하든 말든 안 듣겠다는 제스처를 취하는
학생⋯. 이들을 볼 때면 저는 궁금했습니다.

오조오억
무수히 많은 수를 뜻하는 유행어다. 하지만 일부 남성들은 '쓸데없이 수많은 정자를
가지고 있는 남성'을 비하하는 단어로 받아들였다.

허버허버
급하게 행동하는 모습을 나타내는 의태어다. 한 여성이 어느 게시판에서 남자친구가
허겁지겁 먹는 모습을 이렇게 표현했는데, 일부 남성은 '남성 혐오' 표현으로 받아들였다.

한남
'한국 남성'의 준말이다. 주로 여성 혐오라는 사고방식에 갇혀 있는 남성을 가리킨다.

반감이 아주 심한 학생을 만난 날에는 며칠 전 뉴스에서 본
여성 혐오 범죄가 떠오르기도 했습니다. "머리가 짧은 걸 보니
페미다", "페미는 맞아야 한다"는 말도 안 되는 주장을 하면서
편의점에서 일하던 여성과 자신을 말리려던 남성을 폭행한 사건
같은 것 말이지요.

만약 그 공간이 교실이 아니었다면, 제가 선생이고 그가
학생이 아니었다면, 저는 대화를 포기하고 제 삶에 집중하려
등을 돌리면 되었을 것입니다. 하지만 우리는 한 학기 동안 서로
마주하며 견디어 내야 하는 환경에 놓였죠.

'페미니스트인 것'을 너무 티 내지 말라고 조언하는 지인도
있습니다. 하지만 저는 수업 첫 시간부터 페미니스트임을
밝힙니다. '젠더' 수업을 하는 제가 '페미니스트가 아니다'고
한다면 그건 분명 이상한 일이니까요. 그러면서 이렇게 말문을

열곤 합니다.

"'여러분은 타인을 차별해야 한다'고 생각하는 사람인가요?"

어지간한 사람들은 "아니다"고 잘라 말합니다.

"그렇다면 성차별을 끝내자고 말하는 페미니스트는 뭐가 문제죠?"

학생들이 혼란스러워하는 표정을 지었습니다.

¶1 미투 운동이 활발해지면,

미투 운동Me Too movement

성폭행이나 성희롱을 여론의 힘을 결집하여 사회적으로 고발하는 것으로,
미국에서 시작되었다. 2017년 10월 할리우드의 유명한 영화 제작자인 하비
와인스틴의 성추문을 폭로하고 비난하기 위해 소셜 미디어에 해시태그
#MeToo를 달면서 대중화되었다. 한국에서는 2018년 1월 29일 서지현 검사가
JTBC 뉴스룸에 출연해 검사장 안태근의 성폭력 실상을 공개적으로 밝히면서
미투 운동이 본격적으로 대중에게 알려졌다.

나도 '무고'의 피해자가 될 수 있는 거잖아요?

무고誣告

거짓된 사실을 꾸미어 해당 기관에 고소하거나 고발하는 일을 말한다.

곱씹을수록 고약한 말이 등장했습니다.

일단 이 학생은 성폭력 피해자로서 자신은 상상하지 않는 듯합니다. 언제나 자신은 성폭력 가해자의 자리에 놓일 거라 믿는 모양이네요. 여성들이 주로 성폭력 피해자가 된다는 사실도 이미 잘 알고 있고요.

어느 날은 한 학생이 이렇게 항변한 일도 있습니다.

"남성도 피해자가 되죠. 하지만 여성가족부에는 '여성'만 있잖아요. 그래서 없어져야 한다고 생각합니다."

이 말에 <u>끄덕</u>이는 학생이 꽤 있었습니다. 저한테 결정권이 없는 일을 왜 저에게 항변하는지 의아합니다만, 그 학생이 대면한 페미니스트는 제가 처음인 듯싶어, 왜 그렇게 생각하는지 이유를 묻긴 했습니다.

사실 이런 비슷한 항변을 자주 듣습니다. 그때마다 어떤 피해를 토로하려는 것인지 귀를 기울입니다. 잘 드러나지 않는

남성 성폭력 피해자의 얘기인가 싶어 더 집중하죠. 피해자의
주변인으로서 그를 지지하고 싶은 마음도 바로 가동하고요.
피해자와 연대하는 태도는 모두 페미니즘을 전공하면서 생긴
버릇입니다.

　　하지만 대부분 이 모든 노력은 허무하게 막을 내립니다(물론
피해가 없었다면 다행스러운 일이지만요). 여자만 피해자냐고
항변하는 이들 중에서 실제 남성 피해자인 경우를 저는
아직 한번도 보지 못했습니다. 가끔은 장난 전화에 시달리는
119대원이라도 된 기분입니다.

　　제가 만난 피해자들은 저런 '도식'을 외치지 않습니다.
자기 경험을 매우 구체적으로 설명하면서 해결을 위한 진지한
질문을 내놓죠. 그럼 저는 무슨 일이 일어났는지 파악한 후
무엇이 필요할지 고민합니다.

　　그런데 "여성가족부가 '남성 피해자'인 자신을 대변하지
못하니 폐지하라" 혹은 "페미니즘은 쓸모가 없고, 오히려

자신들을 괴롭힌다"는 식의 항변은 성폭력 피해자의 위치, 구체적 피해를 인식하는 위치에 자신을 놓음으로써 나온 말이 아닙니다. 여성가족부 때문에 입은 피해나 불이익을 '상상'한 것에 그친 말들이죠.

그 학생은 자신처럼 남들도 '상상'해서 피해를 입었다고 주장할까 봐 미리 걱정했던 건 아닐까요. 어쩌면 '무고'가 장난 전화만큼이나 손쉽게 이루어질 수 있다고 생각해서일 수도 있고요. 어떤 이유에서건 좀 못됐습니다.

불편함을 모르는 특권

또한 저 항변에서는 자신이 '피해자'가 되지 않으면, '가해자'로 분류되리라는 두려움이 읽힙니다. 그의 세계에는 피해자와 가해자, 딱 두 부류만 존재하는 모양입니다. 하지만 실제 현실에는 피해자와 가해자 사이에 무수히 많은 주변인이 존재하죠. 이들은 현실의 문제들을 함께 짚어 냅니다. 그리고 그 문제들을 해결하기 위해 온갖 방법을 동원하지요. 그런데 그 학생은 딱 두 갈래의 길만 보이나 봅니다. 그래서 새로운 길을 뚫기보다 가해자의 길을 택하고는 '2차 가해'를 하기 시작합니다.

처음에 말했듯이 이 학생은 자신도 성폭력 피해자가 될 수 있음을 상상하지 못합니다. 그것은 이미 굉장한 특권을 누리고 있다는 방증입니다. ○○로 인한 특권을 누린 적이 있는지 잘 모르겠다는 말은 바로 ○○로 인한 특권을 누리고 있다는 말이죠. 불편함을 인식하지 못하는 것이 특권의 대표적인 속성이니까요. 그래서 어느 학자는 특권을 "보이지 않는 무형의 자산이 잔뜩 담긴 무중력 백팩" 이라고 했습니다. 이미 많은 걸 잔뜩 갖고 있지만, 보이지도 무게가 나가지도 않기에, 자신이 그 특권을 누리고 있다는 걸 인식하지 못한다는 통찰이지요.

다른 예도 들어 볼게요. "당신도 언제든 교통약자가 될 수 있다"는 말 들어 본 적 있으시죠? 이 말에 장애인 되라고 기원하냐며 성내는 분도 본 적이 있습니다만, 곰곰 생각해 보세요. 우리는 유아차를 타던 그 시절부터 교통약자 혹은 이동약자였습니다. 태어나자마자 걷는 사람은 없으니까요. 그런데도 아주 많은 사람이 자신을 이동권 침해를 겪은 적 없는 '비장애인'의 위치에 자연스레 놓습니다. 이동권 투쟁을 보며 부족한 시스템을 탓하는 것이 아니라 출퇴근, 통학이 험난해졌다고 분노만 하죠. 그러면서도 장애인들이 투쟁해 만들어 놓은 승강기는 잘 활용하고요.

"미투 운동이 활발해지면, 나도 '무고'의 피해자가 될 수 있다!"
"남성도 피해자가 된다. 하지만 여성가족부에는 '여성'만 있다.
없애라."

남성 피해자가 있으니, 페미니즘과 여성가족부는 필요하지
않다는 말은 성폭력을 수면으로 올려 공론화하며 문제 해결
방안을 고심해 온 이들에겐 적반하장의 태도죠. 그동안 적은
예산과 열악한 환경에서도 분투해 온 이들을 향한 세상 의리
없는 행동이기도 하고요. 또한 동시에 남성 성폭력 피해자
문제를 해결하는 과정에서 참조할 수 있는 기존의 유산,
반성폭력 운동과 정책이 쌓아 온 자원을 모두 버리겠다는
비합리적인 똥고집이기도 합니다.

2001년 1월 22일 서울 지하철 4호선 오이도역에서 장애인용 리프트를 이용하던
장애인이 추락해 사망했다. 이 사건을 계기로 전국장애인차별철폐연대는 미뤘던
장애인 단체들은 장애인 이동권 투쟁을 본격적으로 시작했다. 그리고 오랜 다석 투쟁
끝에 전철역에 승강기 설치를 약 동반는다. 이동권 투쟁은 계속되었고, 2003년에도
저상 버스도 도입되었다. 여전히 장애인들의 이동권은 제한돼 있어 지금도 이동권
투쟁은 계속되고 있다.

¶
페미니즘을 세뇌하는 학교 선생님들이 있습니다!

한 포털의 웹툰에 페미니스트 선생님이 등장합니다. 이 선생님은 학생들에게 자신의 사상을 강제로 반복해 주입합니다. 선생님이란 위계를 이용해 체벌도 일삼죠. 아주 흉악한 모습입니다. 2021년 5월 18일 대통령기록관 게시판에 〈페미니스트 교사 조직의 아동 세뇌 및 학대 논란 공개 요청〉이란 글이 올라왔습니다. "페미니스트 교사들이 저연령 아동층에게 지속적/조직적인 방식으로 급진적인 페미니즘 사상을 주입하"고 있으니 서둘러 수사해 달라는 내용이었지요. 방금 말한 웹툰은 이 사건을 모티브로 삼은 듯합니다.

페미니즘에 대한 반감 외에도 이 웹툰은 곳곳에서 소수자 혐오를 드러냈습니다. 급기야 인종차별 발언까지 담아 북미판 연재가 중단되었죠. 한국에서는 잠시 연재가 중단되었다가 다시 서비스되고 있습니다.

아무튼 해당 회차를 보면서 저는 수업 첫날부터 저를 이 웹툰의 악마 같은 페미니스트 선생으로 바라보는 듯한 얼굴을 떠올렸습니다.

'저 학생은 날 언제 봤다고 벌써 저렇게 반감을 불사르고 있나.
혹시 평소에 사람을 저렇게 대하는 게 익숙한 사람인가.'

만약 이 학생도 그 웹툰 같은 것을 보고 저를 그렇게
바라보았다면, 문화가 가진 힘은 참으로 대단한 것이네요.

팩트체크 하셨나요?

그런데 저런 청원을 한 분들은 '고증'이나 '팩트체크'에는
유독 좀 게으르신 것 같습니다. 보통 페미니즘을 공부했거나
자신을 페미니스트로 정체화한 선생님들이라면, 교실 안에
존재하는 위계의 문제에 더 민감해질 수밖에 없습니다. 좀
더 평등한 교실을 만들기 위해 노력하실 테니까요. 제가 아는
페미니스트 선생님들은 각자 다른 모습입니다만, 모두 그런
노력을 게을리하지 않는 분들입니다. 저런 청원을 하신 분은
대체 어떤 사람을 모델로 삼았기에 이 사달이 난 것일까요.
어디서 자료 조사를 하신 건지 못내 궁금합니다.

혹시 제가 모르는 페미니스트 선생님들의 조직이 정말

존재한다면, 저에게도 소개해 주세요. 얼른 들어가고 싶네요.
서로 자료를 나누고 지지하고 응원할 탄탄한 조직력을 갖춘
곳을 언제나 찾아 헤매고 있으니까요. 저도 가끔은 고심하고
실패하고 설득하고 포기하며 괴로워하는 일상에서 벗어나 그냥
간단히 세뇌할 수 있는 곳에 있다면, 인생이 조금은 쉽게 느껴질
것 같고요. 그러니 그런 놀라운 비법을 터득한 모임이 있다면
혼자만 알지 마시고 꼭 알려 주세요.

¶
페미니즘이 검열의 도구가 되는데, 어떻게 생각하시나요?

수업 시간에 자주 받는 질문입니다.

물건을 집을 때, 손 하트를 그릴 때 손가락을 쓰는 건 자연스러운 일인데도 이 손가락 하나 마음대로 표할 수 없는 세상에서 무슨 표현의 자유씩이나 언급하는지 답답하고 우습기만 합니다.

페미니즘과 정치적 올바름 등을 규제의 온상, 자신의 자유를 침해하는 것으로 여기는 분이 많죠. 규제와 자유는 당연히 부딪칩니다. 한쪽에서는 혐오와 차별을 금지하라고 외치고, 다른 한쪽에서는 그것이 '표현의 자유'를 침해한다고 목소리를 높이죠.

그런데 혐오를 표현하지 말라는 규제는 누구에게나 동일하게 적용될까요? 동일한 범죄를 저질러도 더 무거운 형을 선고받는 여성 혹은 이주민 등의 사례를 떠올려 봅시다. 규제는 유독 사회적 소수자에게 더 가혹하게 적용될 때가 많습니다. 혐오 표현 여부를 판단하고 위반의 대가를 집행하는 이들 역시 사회적으로 유리한 권력을 쥔 사람들이기 때문이죠. 따라서

'혐오 표현 금지법'은 제정 전이나 이후나 단순히 '금지'에 초점을
맞출 것이 아니라, '표현의 자유를 증진하는 방향으로 이해되고
설득되어야 한다'는 주장도 있습니다. 그러니까 소수자가
진정한 표현의 자유를 누릴 수 있게 표현을 '제한'해야 한다는
의미죠.

　　이 의미를 곱씹으면 지금까지 서로 상충하는 듯 보였던
두 개념, 규제와 자유를 함께 상상할 수 있게 됩니다. 극소수의
권력자에게만 자유가 항상 허용된다는 불편한 진실은,
우리가 자유라고 믿던 것이 사실은 불평등한 시스템 안에서만
가능한, 매우 편협한 범위 안의 자유에 불과하다는 생각으로
이어집니다. 표현의 자유를 부르짖으면서 왜 우리는 지금까지
우리에게 주어졌던 자유의 크기를 치열하게 고민하는 자유는
누리지 못해 온 걸까요?

마음껏 말할 수 있는 자유

　　지금의 저는 박찬호 부럽지 않은 투 머치 토커Too much
talker입니다만, 한때는 할 말을 못하고 속으로만 끙끙 앓던
사람이었습니다. 페미니즘을 만나서야 갇혀 있던 저의 생각을

자유롭게 풀어놓을 수 있었죠. 이전까지는 저의 생각을 어떤 언어로 풀어 낼 수 있는지, 꺼내도 되는지 몰랐어요. 물론 자유롭게 말할 때면 매번 현실의 장벽에 부딪혀 좌절하고 뒤통수를 맞기 일쑤였습니다만. 그럼에도 저는 계속 자유롭게 말하면서 새로운 길을 만들어 나갈 생각입니다. 페미니즘이 제게 그럴 힘을 주었지요.

¶ 괜히 여자들에게 CPR 했다가

CPRCardiopulmonary resuscitation
심폐소생술을 뜻한다.

성추행범으로
몰리는 거
아닌가요?

온라인을 떠도는 반페미니즘의 말, 교실 안의 누구를 참담하게 하는 혐오 표현은 저의 교실에도 파고듭니다. 불쑥불쑥, 예고도 없이요.

"괜히 성추행범으로 몰릴 수 있으니, 위기에 처한 사람을 봐도 절대로 CPR 하지 마라."

그날도 한 학생이 불쑥 저 문장을 꺼냈습니다. 2022년 10월 이태원 참사가 일어난 지 얼마 지나지 않은 때였습니다. 학생은 며칠 전 온라인에서 저 문장을 봤다고 했습니다. 동의는 안 하지만, 아예 무시하기도 그랬답니다. 자신에게도 저런 일이 생길 수 있다는 두려움이 있다고 솔직하게 털어놓았고요.

저도 이미 알고 있는 발언이었습니다. 교실 안에서 또다시 저 말이 튀어나와 많이 당황했죠. 만약 교실 밖에서 저 소리를 들었다면, 저는 화부터 냈을 겁니다. 누구의 참혹한 비극을 두고 어떻게 저런 말도 안 되는 생각을 떠올리고 심지어 입 밖에 낼 수 있느냐면서요. 이 분노의 감정은 분명, 옳습니다. 그런 얘기는 들을 가치가 없으니 더는 꺼내지 말라고 말하는 방법도 바로 떠올랐습니다. 당연히, 선을 긋는 이 방법도 옳습니다.

하지만 이곳은 교실 안입니다. 저는 다른 선택을 했습니다. 교실 밖에서처럼 화를 낸다면 지금 표출된 두려움은 앞으로 사라질 기회를 영영 잃을 테니까요. 사라지지 못한 두려움은 어느 날 또 다른 혐오의 말과 만나 힘을 얻을 테고요. 저는 평소 늘 진중하고 사려 깊었던 이 친구들이 그런 힘을 갖지 않기를 바랍니다.

저는 심호흡을 한 후 말문을 열었습니다. 나 역시 그 문장을 보았다고 말했죠. 그리고 실제 그런 일이 일어날 수 없는 이유를 찬찬히 설명했습니다. 성폭력 피해자는 피해 사실을 법적으로 승인받기까지 아주 많은 증거를 제시해야 하거든요. 얼마나 많은 시간과 노력을 들여야 하는지를 이해한다면, 저 말이 현실을 얼마나 왜곡하는지 보인다는 조언도 덧붙였습니다.

'그럼, 그렇지' 하는 표정과, '진짜일까'라는 물음표를 품은
표정이 함께 보였습니다. 자주 겪는 일입니다. 설명이 설득으로
항상 이어지지는 못합니다.

우리는 끊임없이 돕고
도움받는 존재

표정들을 살피다가 이번에는 이런 질문을 던져 보았습니다.

"사실이 아닌데 왜 이런 얘기가 나온 걸까요?"

저 말을 하거나 저 말에 동조한 사람들은 안타깝게도
지금까지 살면서 모르는 타인을 도와주거나 자신이 위기에
처했을 때 모르는 타인의 도움을 받은 적이 없었던 것은
아닐까요. 이런 추측에 "그럴 수도 있겠다", "그런가 보다"는
말이 어디선가 나옵니다.
  저는 누구를 돕고, 누구의 도움을 받았던 기억을 한번
떠올려 보자고 제안했습니다. 다들 곰곰이 생각에 잠깁니다.
곤란해하는 표정도 보입니다. 아주 거창한 것이 아니어도

상관없다고 안심시켜 주었습니다. 그리고 제 경험부터
털어놓았지요.

　　강풍이 몰아치는 날이었습니다. 한 중년 남성이 차도로
뛰어드는 겁니다. 나중에 알고 보니 바람에 날아간 모자를
잡으려고 그랬다고 합니다. 여하튼 이 남성이 차도로 뛰어든
순간 이를 목격한 저와 행인들은 너무 놀라 달려오는 차들을
향해 다급하게 멈추라는 수신호를 보냈습니다. 그 덕분에
남성은 아무 일도 겪지 않았지요.
　　이런 일도 있었습니다. 늦은 밤이었습니다. 만취해
걸어오는 젊은 여성의 뒤를 남성 무리가 따라오는 것이
보였습니다. 저는 여성에게 얼른 다가가 상황을 알렸습니다.
그러고는 집까지 바래다주었지요.
　　도움받은 일도 많습니다. 갑자기 비가 쏟아져 허둥지둥
가방에서 우산을 찾고 있는데, 누가 조용히 다가와 우산을
씌워 준 일도 떠올랐습니다. 좋은 기억들이 꼬리에 꼬리를 물고
이어졌습니다.
　　이쯤 되자 학생들도 하나둘 돕고, 도움을 받았던 일들을
꺼내 놓았습니다. 방금까지 긴장감이 맴돌던 경직된 강의실
분위기가 부드럽게 바뀌어 갔습니다. 가방에서 와르르 쏟아진

물건을 지나가던 학생들이 너나 할 것 없이 주워 준 일,
뒷사람을 위해 문을 잡고 기다려 준 일, 긴장감이 맴돌던 강의실
분위기를 바꾸려고 조금 전 애써 "짝!" 하고 박수를 친 일,
위험한 이를 구하기 위해 신고한 일 등이 이어졌습니다. 그러는
동안 편안한 웃음들이 얼굴에 깃들었습니다.

저는 어떤 마음으로 타인을 도왔는지 그때의 마음을
설명해 달라고 했습니다.

"그게 앞뒤 계산할 틈도 없이 이미 거기 가 있었어요."

"맞아, 바로 몸이 반응했죠."

"그러니까 그 순간에 다른 걸 생각할 시간이 어디 있겠어요?"

저도 신이 나서 한술 더 뜹니다. 문제가 해결된 이후 기분이
어땠는지 물어보았죠.

"와, 완전 보람찼어요."

"진짜 뿌듯했죠."

"기특했어요, 제 자신이."

자신을 칭찬하는 말이 한층 더 높은 톤으로 이어집니다. 서로 "그치, 그치"를 주고받으면서요. 저도 끼어듭니다. 상황 종료 후 돌아설 때 안도감과 뿌듯함으로 발걸음이 가볍지 않았냐고 물어봅니다. 여기저기서 더 크게 고개를 끄덕이더군요. 질문을 던졌던 학생도, 함께 불안감을 표출했던 이들 표정도 어느새 편안하고 또 신나 보였습니다. 교실 안의 사람들은 그 문장이 잘못되었다는 걸 이미 알고 있었지만, 또다시 잘 알게 되었습니다.

현실에는 무수히 많은 차별과 폭력이 존재합니다. 거기서 불거지는 문제들을 모두 막을 수는 없습니다. 하지만 세상은 무수히 많은 문제를 안고 있음에도, 또 누구에 의해 지탱됩니다.

전 마지막으로 물었습니다. 당신은 당신이 위기에 처했을 때 그것을 목도하고도 "돕지 않겠다"고 말하는 사람이 많은 세상을 바라는가, 아니면 당신을 구하기 위해 일단 달려들고 보는 사람이 많은 세상을 바라는가. 사실 대답이 필요하지 않은 질문이죠. 우리 모두 답을 알고 있으니까요.

¶ 페미니즘은 ○○병

모든 질문에 대답할 의무는 없습니다.

2장

당신은 저에게
그 질문을
한 2만 번째
사람입니다,
그럼 20000

¶ 성평등을 얘기하면서 군대 얘기는 왜 안 하나요?

20년 전입니다. 다니던 대학에서 전쟁 반대 퍼포먼스를 열었지요. 크게 기사도 나왔습니다. 퍼포먼스가 한창일 때 저는 학생회실에 앉아 있었습니다. 전화통이 쉴 새 없이 울리더군요. 받아 보면 대부분 격앙된 목소리였습니다. 비속어가 난무한 칼날 같은 욕설이 계속 날아들었습니다. 전화의 요지는 간단합니다.

'어디, 여자가 감히. 남자들이 하는. 군대에. 딴지를 걸어?!'

몇 년 전, 조교로 일할 때입니다. 당시 모시던 한 교수님은 남녀 공학인 다른 대학에도 출강하고 있었습니다. 여성학 입문 강의였죠. 기말고사 답안지를 제가 파쇄하게 되었는데, 휙휙 넘기는데도 계속 눈에 띈 단어가 있었습니다. '군대'였습니다.

성평등을 얘기하면서 군대 얘기는 왜 안 하나요?

파쇄하고도 한동안 이 문장의 잔영이 사라지지
않았습니다.

군대 얘기를 꺼내는
진짜 속내

성평등과 군대라는 주제를 놓고 깊이 연구한 적은 없지만,
기회가 닿는 대로 전쟁을 반대하고 군대 내 인권을 향상하는
일에 동참해 왔습니다. 전쟁이 사라지면 군대가 있어야 할
이유도 사라질 테니까요. 징병제를 모병제로 전환하거나 대체
복무 제도가 더 활성화되길 바라며 양심적 병역 거부 운동도
지지해 왔습니다. 얼마 전까지만 해도 군대 내 인권 향상을 위해
어떻게 교육하면 좋을지 그 방안을 개발했고 직접 교육을 하러
다녀오기도 했습니다.

여성이라는 이유로 진출하지 못할 영역은 없다고
전제한다면, 여성들도 군대에 갈 수 있다는 데에 저 역시 백
번 동의합니다. 그런데 제가 "그렇지. 여성도 국방부 장관이
될 수 있고" 하며 말을 이어 가면 남성들은 백이면 백 다 입을
다물더라고요. '성평등'을 지향한다고 말하지만, 그가 떠올린

성평등은 제가 생각하는 성평등과는 좀 달랐던 듯합니다. 이들은 여자든 남자든 똑같이 '험한 일'을 해야 한다고 목소리를 높이곤 하는데, 도대체 여성이 군대에 가서 무엇을 하길 바랐던 걸까요? 자신의 명령대로 움직이는 그런 모습만 상상했던 걸까요?

언젠가 성평등과 군대 문제 운운하는 남성들에게 제가 만나 온 여군들에 대해 이야기한 적이 있는데, 황당한 답이 돌아왔습니다.

"여군들 XX 이쁘다더라."
"맞아, 맞아."

저는 그들이 겪었을 군대 내 위계 폭력을 떠올렸고, 그런 문화가 사라질 수 있는 방법, 징병과 여군에 관해 얘기해 보고 싶었는데, 그들은 그 문제들에는 관심이 별로 없어 보이더군요. 자신들이 여성보다 우위에 있음을 과시하며 즐기고 있을 뿐, 여성들을 같은 병역 의무를 지는 존재로 받아들이고 있지 않은 듯했습니다. 여성의 열등함을 증명하고 싶어 군대를 반복해서 소환한 것뿐이죠. 저는 그것도 모르고 '여성 징병제도 언젠가, 어떤 조건에서는 가능할지도?'라는 생각까지 해 봤네요.

페미니스트들은 군대의 변화를 위해 줄기차게 얘기해 왔는데, 어떤 남성 무리는 페미니즘 혹은 여성들을 공격하기 위해 군대 얘기를 하지요. 참 기묘한 대화랄까요. 물론 이걸 대화라고 할 수 있을지, 이것이 정말 군대에 관한 이야기였는지는 아직도 모르겠습니다. 아무튼 저는 군대에 관해 얘기해 보고 싶었지만, 그들은 정말 군대 얘기를 하고 싶었던 것 같지는 않았습니다. 그러니까 당신이 군대에 대해 얘기할 준비가 되었다면, 그때 말해 봅시다.

¶
'생리 공결 제도'는 특혜 아닌가요?

어느 날 한 학생이 생리 공결 제도를 꺼냈습니다. 여학생들이 생리를 '핑계'로 결석을 밥 먹듯 하는데, 출석 인정을 받는 건 불합리하다는 것입니다. 여성들이 특혜를 받고 있다는 말이죠.

제가 소속된 이 학교는 단과대학별로 생리 공결 제도가 달리 운영됩니다. 어떤 단과대학은 학기 초에 공결 제도를 신청한 학생 명단을 담당 교수들에게 보내 줍니다. 학생들은 생리통에 관한 산부인과의 진단 등을 증빙 자료로 제출하죠. 이 자료는 학기마다 내야 합니다. 생리 기간을 명시한 때도 있었는데 주기가 일정치 않은 학생들이 이의를 제기해 지금은 명시하지 않습니다.

그 학생의 걱정은 기우일 겁니다. 일단 제 경험만 말씀드리면, "앗싸, 생리! 수업 째자!"며 결석계를 제출하는 학생을 본 적이 없습니다. 제가 속은 것일 수도 있겠지만, 보통은 출석하지 못해 안타까워했습니다. 그래서 저는 가끔 수업 자료를 따로 주기도 합니다. 어떤 학생은 그냥 봐도 몸이 많이 안 좋아 보이는 상태가 되어서야 겨우 말을 꺼냈습니다. 그러므로 진심이든 아니든, 속이는 것이든 아니든 저는 기꺼이 속기로 했습니다.

학생 시절 저는 학기 중반쯤이 되면 아무리 마음에 드는 수업이라도 꼭 한 번씩은 수업을 '째는' 학생이었습니다. '자유'를 실감하기 위해서였죠. 물론 '낮은 학점'이라는 대가는 치러야 했지만요. 그 덕분에 수업을 째고 싶어 하는 학생들 마음은 충분히 이해하지만, 저는 여전히 기본적으로 결석은 본인이 손해 보는 행위라고 생각합니다. 생리 공결을 특혜라고 말하는 학생의 얘기를 듣고 있자니, 열성적으로 준비해 온 제 수업을 들을 수 없는 것이 왜 특혜인지 이해가 되지를 않네요.

통증을 달고 산다는 것

생리 공결 제도는 과연 특혜일까요. 상상해 봅시다. 시험을 앞두고 시험에 필요한 내용을 총정리해 준다고 얘기한 날 극심한 통증에 시달리는 학생과 아무런 통증이 없는 학생 중 누가 더 유리한 조건에 놓인 걸까요? 시험 날에는요? 평생 한 번 만날까 말까 한, 내가 아주 존경하는 작가나 학자가 특강을 하러 온다고 했을 때 누가 더 손쉽게 참석을 결정할 수 있을까요? '생리 공결은 특혜'라던 학생은 이런 날 오지 못한 학생이 '특혜'를 받는다고 말할 수 있을까요? 만약 입시, 중간고사, 기말고사, 실기시험 등등을 치를 때 아무 통증에 시달리지 않아 참석 여부를 고민할 필요 없는 당신의 상황을 보며 누가 '그게 더 특혜'이니 부당하다고 한다면 당신은 어떤 대답을 내놓겠습니까.

생리는 각자 다르게 경험할 수 있습니다. 주기도, 기간도 다르고 출혈의 양도 다르며, 생리 기간 전후에 겪는 증상도 제각각일 수 있습니다. 공결의 주요 근거가 되는 '생리통'의 정도 역시 다 다릅니다. 누구는 앉아 있을 수 없을 만큼 통증이 심할 수 있고, 또 누구는 통증에 천식이나 치주질환까지 동반될 수 있습니다. 누구는 생리통이 거의 없을 수 있고, 누구는 약간 불쾌하거나 불편한 정도로 그칠 수도 있습니다. 몸 상태뿐 아니라 날씨, 계절의 영향까지 받을 수 있고요. 이런 여러 변수로 인해 학기 중반에 생리통이 심해져 뒤늦게 신청하는 학생들도 있습니다.

여성의 몸을 간과한 사회

생리통은 쉬거나 심할 경우 진료를 받으면 많이
나아집니다. 바로 이 지점에서 강의실을 비롯한 학교 환경을
살펴볼 필요가 있습니다. 강의실 책상과 의자, 도서관 시설,
대중교통 등은 생리 기간에 이용하기 괜찮을까요? 생리 중인
몸에 무리가 가지 않게 만들어져 있을까요? 만약 모든 공간을
'생리 중인 몸'을 기준으로 만들었다면 어땠을까요? 학생들의
출석이 지금보다 더 쉬워지지 않았을까요?

우리 사회는 끊임없이 자신을 증명하고 경쟁하게 합니다.
이런 환경에서 '생리 하는 몸'은 불리한 조건이죠. 자기 능력을
한껏 발휘해야 하는 상황, 자신을 대체할 수 있는 인력이
없거나 휴식 시간을 보장받기 어려운 직장, 생리 주기에 겪는
불편함을 도통 이해하지 못하는 조직에 놓여 있을 때 당사자는
'견디는' 법을 선택할 수밖에 없습니다. 생리 하는 몸은 역량을
다 발휘하지 못하는 '불리한 몸'으로 폄하되기 십상이니까요.
그렇다 보니 생리는 자꾸 숨겨야 할 일 혹은 혼자 알아서
관리해야 할 영역이 되어 갑니다.

평생 신체 어떤 부위도 아프지 않은 몸, 아무리 열악한

환경에서도 굳건히 버텨 낼 수 있는 몸을 갖는 건 불가능합니다. 그렇기에 공간은 구성원들에게 충분한 휴식, 편안함과 안전함을 제공해야 합니다. 이런 요소들이 갖추어지지 않았는데 생리 휴가와 병결, 병가를 충분히 보장하지 않는다면 공간은 문제를 일으킵니다. 산업재해에 속하는 각종 질환을 서서히 유발하는 것입니다. 그러므로 생리 공결 제도는 공간의 기준을, 제도를 모두 충족하지 못한 기구가 내놓은 가장 수월한 '차별 비용'일 수도 있겠습니다.

공간이란 말이 아리송하다면, 제 경험을 들어 보세요. 2023년에 학회 참석차 에든버러에 갔다가 적이 놀랐습니다. 숙소 리셉션을 비롯한 모든 건물에 생리대와 탐폰이 산처럼 쌓여 있었기 때문이죠. 생리대 무상 제공이 이미 제도화되었는지 많은 상업 시설에서도 그런 광경을 볼 수 있었습니다. 한국에서는 취약 계층 여성 청소년에게만 생리대를 무상으로 제공하던 터라 더 다른 감각으로 와닿았던 기억이 납니다. 한국의 화장실이란 공간도 생리 중인 여성들이 편히 이용할 수 있게 필요한 것들을 갖추어 놓으면 좋을 것입니다.

다시 강조하지만, 생리 공결 제도는 여성을 '보호'하기 위한 것이 아닙니다. 여성에게 특혜를 주기 위해서는 더더욱 아닙니다. 모든 것이 처음부터 생리 중인 여성의 몸에 맞춰 세팅되었다면 어땠을까요. 지금의 생리 관련 제도는 애초에 사회의 기본 값이 여성의 몸을 간과했기 때문에 발생한 것에 불과합니다. 저라면 '생리 공결'을 여성들이 누리는 특혜라고 말하는 대신에, 제도와 기구가 여성들을 필요로 하면서도 제도와 기구를 다 변화시키기 곤란해 내놓은 계책이라고 말하고 싶습니다. 만약 생리 공결 제도를 계기로 사회가 변하기 시작한다면, 그 혜택은 현재를 살아가는 우리 모두가 누리게 될 것입니다.

참, 제 가방에는 언제나 여분의 진통제가 있습니다. 당신도 필요하면 얘기하세요.

¶
여성 전용
주차장,
여성 할당제,
여자대학은

남성에 대한
역차별
아닌가요?

손아람 소설가의 강연 〈차별은 비용을 치른다〉를
보셨나요? '역차별'로 얘기되는 것들은 사실 강연 제목처럼
차별을 유지하기 위한 비용 즉, '차별 비용'이라는 통찰입니다.

여성 전용 주차장

여성 전용 주차장은 여성이 운전에 서툴러서가 아니라
두 가지 이유 때문에 만들어졌습니다. 첫 번째 이유는
여성 운전자가 아이와 함께 차에서 짐을 편하게 내리기
위해서입니다. 양육을 여성이 거의 책임지는 현실이 반영된
조치이죠. 두 번째는 주차장에서 자주 일어나는, 여성을
겨냥한 폭력을 막기 위해서입니다. 주차장은 대체로 으슥하고
어둡죠. 자동차는 밀폐된 공간이고요. 매년 몇만 건의 범죄가
주차장에서 일어납니다. 범죄 상당수가 성범죄이고요. 이런
배경 때문에 사람들 눈에 쉽게 띄지 않거나 CCTV가 미치지

못하는 사각지대를 피해 여성 전용 주차장을 만들어 둔 것입니다.[10]

그러니까 역차별로 공격받는 여성 전용 주차장은 여성들이 양육을 주로 책임지지 않거나, 주차장에서 벌어지는 범죄의 표적이 되지 않는 세계에서는 필요 없는 정책입니다. 차별을 인지하는 그 민감성이 이제 그 방향으로도 발휘되길 바랍니다.

여성 할당제

여성 할당제도 살펴보죠. 선거철이 되면 꽤 많은 정치인이 '여성 할당제 폐지'를 공약으로 내겁니다. 눈에 띄는 기사 제목이 있네요. 〈'여성 할당제' 폐지하라!…그런데 정작 폐지할 게 없다?〉. 내용을 요약하면 이렇습니다. 사기업에는 여성을 일정 비율 이상 채용하도록 강제하는 '할당제'가 없는데, 공무원 공채 시험에서는 있다는 겁니다. 그런데 여성 합격자가 많은 경우,

할당제를 적용해 수를 줄인다는 거죠. 최근에는 지방직, 국가직 가리지 않고 이렇게 한다고 합니다.[11] 일례로 학력, 출신지, 나이, 성별 등을 보지 않고 오직 지원자의 실력만을 보는 블라인드 채용을 진행한 결과, 최종 합격자 전원이 여성인 사례가 있었습니다.[12] 이때도 할당제를 적용했습니다. 모두 여성으로 뽑을 수 없다면서 남성을 추가로 합격시킨 거죠.

제 연구 분야에서도 비슷한 일이 있었네요. 여성학 전공자는 아무래도 여성이 많습니다. '객관성'을 확보하겠다는 이유로, '균형'을 맞추겠다는 이유로 남성에게 자리를 일정 부분 배당한 일이 있었죠.

선발 단계에서부터 아주 적극적으로 여성 지원자에게 불이익을 줌으로써 결과를 바꾸는 경우도 발견됩니다. 면접관의 편향된 시선, 점수 조작 등으로 여성의 합격률을 낮추는 것입니다.[13]

살펴본 것처럼, 할당제는 오히려 남성을 구제하는 도구로 활용될 때가 더 많습니다. 무엇이 역차별이라는 건가요. 만약 모든 조직과 인사권자가 각자의 역량을 제대로 평가할 능력을 갖춘다면, 여성 할당제는 굳이 필요하지 않을 거예요.

여자대학교

여자대학교도 살펴볼게요. 여대가 왜 역차별이 아닌지는 '남녀 공학'과 '여대'를 오갔던 제 경험만 들려 드려도 쉽게 이해하실 겁니다. 저는 초중고는 남녀 공학, 대학은 여대를 다녔습니다. 석사 과정은 남녀 공학, 박사는 여대에서 밟았고요. 그리고 현재는 남녀 공학이지만 여성이 더 많은 예술대학교에서 강의를 하고 있습니다.

이런 배경 덕분에 여성과 남성이 함께 있는 공간과 여성만 있는 공간의 차이를 목도할 때가 많습니다. 그 차이는 특히 체육 시간과 여가 시간, 강의실 풍경에서 극명하게 드러납니다.

중학교 때 체육 시간 풍경은 꽤 전형적이었습니다. 남학생들은 축구나 농구 등을 하며 뛰어다니고, 여학생들은 주로 가만히 벤치에 앉아 있거나 체육실 청소를 했습니다. 그날은 좀 달랐습니다. 모두 달리기를 하기로 했거든요. 그런데 여학생들이 뛸 차례가 되자 남학생들이 우르르 결승선으로 몰려갑니다. 여학생이 달릴 때 흔들리는 가슴을 보며 낄낄거립니다. 그걸 모를 리 없는 여학생들은 조심스레 뛰거나 아예 가슴을 가린 채 뛰었습니다. 이렇다 보니 여학생들은 제 실력을 한껏 발휘할 수 없었지요.

고등학교 체육 시간도 비슷했죠. 여학생은 운동과 먼 존재로 인식되었습니다. 저는 구기 종목을 좋아했습니다. 농구 시험을 앞두고 아침 일찍 학교에 가서 연습을 거듭했죠. 그 덕분인지 반에서 유일하게 만점을 받았습니다. 교실 뒤쪽에 점수가 게시된 날, 남학생들은 "무슨 여자가 만점? 여자 맞냐?"며 키득거렸습니다.

저는 여대에 진학하고 나서야 난생처음 '축구 대회'에 출전했습니다. 설레고, 신이 났지요. 너무 흥분한 나머지 첫 출전에서 장렬하게(?) 국가대표급 부상을 입었습니다. 그럼에도 누구의 시선도 의식하지 않고 뛰어다닐 때의 희열은 지금도 생생하게 남아 있습니다. 아쉬움도 있습니다. 어릴 때부터 구기 종목을 즐길 수 있었다면, 어릴 때부터 신체 능력을 발달시킬 기회를 충분히 누릴 수 있었다면, 그 경기가 제 인생 처음이자 마지막 축구 대회가 되지는 않았을 테니까요.

남녀 공학과 여대는 여가 시간을 누리는 모습도 다르죠. 여대에서는 유독 누워 있는 사람이 많습니다. 계단, 잔디밭, 도서관 소파, 복도의 의자 곳곳에 누워 있곤 합니다. 저도 시험 기간에 도서관 소파에서 잠든 적이 있습니다. 비스듬한 잔디밭에 누워 자다가 미끄러져 내려간 일도 있고요. 이런

행동이 습관이 돼서 공학인 외국 대학에서 석사 과정을
밟을 때도 날씨만 좋아지면 캠퍼스 잔디밭에 누워 책을 읽곤
했습니다. 그 나라에서는 치마가 뒤집어져 속옷이 보이거나,
심지어 알몸으로 누워 있어도 누구 하나 바라보지 않았거든요.
타인을 노골적으로 쳐다보는 것을 오히려 부끄럽게 여기는
문화가 자리 잡은 곳이었습니다.

　　그런데 한국에 돌아와 공학인 대학을 오랜만에 가 보니
생경하더군요. 그 화창한 날에 캠퍼스 어디에도 벌러덩 누워
있는 여학생을 볼 수 없었습니다. 그 대신 '여학생 휴게실'이라는
표지판이 눈에 들어옵니다. 어럽쇼, 그마저도 최근에는
'역차별'이라며 없어지네요.

　　수업 풍경도 남녀 공학과 여대는 많이 다릅니다. 여대
강의실에서 벌어지는 토론은 정말이지 치열합니다. 수업
시간을 훌쩍 넘어 토론이 이어질 때도 있어요. 발언권도 대체로
공평하게 주어지죠. '여성' 혹은 '남성'의 발언으로 분류되지
않다 보니 발언의 스펙트럼이 다양합니다.

　　공학의 강의실 풍경은 좀 다릅니다. 여학생이 수십
명이고 남성은 단 한 명인데도 발언권이 아주 쉽게 남성에게
넘어갑니다. 강단에 서면 학생들 표정이 한눈에 들어옵니다.

미묘한 표정 변화까지 감지할 수 있죠. 남학생 의견이 자신과 다르면 발언을 준비하던 많은 여학생이 발언을 포기하는 걸 자주 포착합니다. 그때부터는 조용히 눈빛이나 가벼운 고갯짓으로 의사를 표하기 시작하더군요. 이런 상황을 피곤해하는 기색도 역력하지만, 또 이런 상황에 익숙해 보입니다.[14]

모든 교육 공간이 평등했다면, 여성을 배제하지 않았다면, 애초에 여자대학교는 탄생하지 않았을 겁니다. 극소수의 여성들만 고등 교육을 받았던 과거에도, 여성의 대학 진학률이 남성의 대학 진학률을 넘어선 지금도 여자대학교는 여전히 필요합니다. 오랜 시간 누적된 교육 공간 안의 불평등이 일상에서도 여전히 발견되고 있으니까요. 여자대학교는 평등한 교육이 어떻게 만들어질 수 있는지, 그곳에서 어떤 지식이 쌓일 수 있는지를 끊임없이 질문하며 구현하는 장소입니다.

모든 대학교가 여대만큼의 평등과 자유를 보장하는 세상, 여성들의 지식에 충분한 권위를 부여하는 세상을 상상해 보세요. 아마 역차별이라는 단어는 등장하자마자 발도 못 붙이고 사라졌을 거예요.

여기까지 읽고도 딱히 공감이 되지 않는다면, 차별에 관해 고민할 필요 없는 삶을 살아왔기 때문일 겁니다. 저는 다른 주제보다 역차별을 설명하는 데 더 길게 썼습니다. 책값을 더 받지는 않을게요. 똔똔으로 쳐 드리죠. 그 대신 이제 어디 가서 역차별이란 단어는 꺼내지 않는 걸로 해요.

¶
성차별은 다
과거의 일입니다.
할머니,
어머니들이 겪은
일들 아닌가요?

우리 엄마,
누나도 페미들
웃긴다고
하던데요?

수업 시간에 버지니아 울프의 《자기만의 방》을 자주 소환합니다. 선택 교과목인 〈페미니즘 입문〉 수업을 맡았을 때는 신이 나서 '1928년의 버지니아 울프에게 202X년의 내가 쓰는 편지'를 과제로 내줬더니 책으로 묶어 내고 싶을 만큼 눈에 띄는 수작들이 우르르 쏟아졌습니다.

필수 교과목인 〈예술가의 젠더 연습〉 수업에서는 결과물이 많이 달랐습니다. 합의라도 한 듯 내용이 비슷했거든요. 다음과 같은 단골 구절들도 있었고요.

'지금은 그런 시절이 아니지만'
'지금은 많이 좋아졌지만'
'지금은 그런 차별이 없지만'

이런 표현들을 보노라면 떠오르는 개념이 있습니다. 바로 '포스트 페미니즘'입니다.

	페미니즘	포스트 페미니즘	반페미니즘
젠더 (불)평등과 페미니즘에 관한 사회에서의 경험적 주장	● 사회에는 명백히 젠더 불평등이 존재한다(여성은 보통 남성에 비해 불리한 위치에 있다). ● 성평등을 실현하려면 페미니즘 이론과 운동이 필요하다.	● 젠더 불평등은 존재하지 않거나 거의 없다(여성과 남성은 동등한 위치에 있다). ● 페미니즘은 더는 필요하지 않다(남아 있는 모든 불평등은 자연스럽게 사라질 것이다).	● 젠더 불평등이 명백히 존재한다(남성은 보통 여성에 비해 불리한 위치에 있거나 여성의 평등은 사회에 해롭다). ● 페미니즘은 남성과 여성에게 나쁘다(반페미니즘은 성평등을 위해 필요하다. 비록 반페미니즘이 불평등을 조장하더라도, 더 나은 사회를 위해서는 필요하다).
젠더 (불)평등과 페미니즘에 관한 규범적 주장	● 성평등은 사회적, 도덕적으로 지향해야 할 목표다. ● 페미니즘에 긍정적이다 (페미니즘은 변화를 위해 필요한 선의의 힘이다). ● 젠더는 정치적이다(집단적 페미니스트 젠더 정치가 필요하다).	● 성평등은 사회적, 도덕적으로 지향해야 할 목표다. ● 페미니즘에 양가적이다(성평등에 거의 도달했기에, 오늘날의 페미니즘은 시대착오적이거나 더는 정당화할 수 없다). ● 젠더는 정치적이지 않다(집단적 페미니스트 젠더 정치나 집단적 반페미니스트 젠더 정치 모두 불필요하다).	● 젠더 불평등은 사회적, 도덕적으로 지향해야 할 목표다(성평등을 원치 않는다). ● 페미니즘에 부정적이다(페미니즘은 젠더 불평등을 조장하거나 성평등을 파괴하는 힘이다). ● 젠더는 정치적이다(집단적 반페미니스트 젠더 정치가 필요하다).

페미니즘, 포스트 페미니즘, 반페미니즘의 특징[11]

'가짜' 페미니즘

포스트 페미니즘은 반페미니즘과는 다릅니다. 하지만 유사한 면도 많죠. 예를 들어 포스트 페미니즘은 반페미니즘과 달리 성평등을 중요한 목표로 삼지만, 현재 젠더 불평등은 거의 존재하지 않으며, 여성과 남성이 이미 동등한 위치에 있으므로, 페미니즘이 더는 필요하지 않다고 주장한다는 점에서는 반페미니즘과 비슷합니다(표 참고).

포스트 페미니즘은 추상적으로나마 페미니즘에 긍정적이라는 점에서 반페미니즘과 다릅니다. 하지만 지금 페미니스트들이 시도하는 모든 것을 시대착오적이고 불필요한 것, 매력적이지 않고 까탈스러운 것으로 그린다는 점에서는 반페미니즘과 크게 다르지 않습니다. 여성으로서 자신을 자유롭게 표현하는 데 걸림돌이 되는 것을 '가부장제'가 아닌 '페미니즘'으로 보는 것 역시 비슷하죠. 그래서 포스트 페미니즘을 "가짜 페미니즘" 또는 "은밀한 반페미니즘적 반발"이라는 분들도 있습니다.[16]

포스트 페미니즘은 자신이 가지지 못한 권력을 쥐고 있다는 환상을 만들거나, 많은 것이 이미 나아졌다는 잘못된 성취감을 주입합니다. 그러니 이제 모든 것은 내가 스스로

'자유롭게 선택'할 수 있다는 믿음을 강화하고요. 이런 시각은
개개인이 직면한 젠더 불평등을 손쉽게 '예외적 사건' 혹은
'뒤떨어진 일부 사례'로 치부해 버립니다. 당사자들은 자신을
탓하게 되고요.

버지니아 울프에게

가짜 페미니즘이 난무하는 현실에서 저는 조용히 버지니아
울프에게 편지를 씁니다.

안녕하세요.
버지니아, 당신이 도서관에서 쫓겨났던 일화는 지금도
저의 마음을 울립니다. 제가 교육을 받았던 학교의
도서관에는 '여성학' 파트가 따로 있었습니다. 당신을

1928년 버지니아 울프가 집스 칼리지 도서관에 들어가려다 거부당한 일을 말한다.
당시에 여성은 동행하거나 소개장이 있어야 여성도 도서관 출입이 가능했다. 도서관
관리자에게 항의만큼 되돌린 것으로 보인다. 울프는 이 경험에서 적잖은 문화 충격
을 받았다.

비롯한 많은 여성이 애쓴 결과물들이지요.

저는 지금 비정규직 교원입니다. 저의 강사
출입증으로는 학교 도서관에 들어갈 수 없습니다.
마치 당신이 도서관에 들어가지 못했을 때처럼요.
저는 언제나 담당자를 불러 출입을 허가받아야만
합니다. 교원 경력이 얼마 안 되었으니 감수할 수 있는
일이라고 스스로를 다독이곤 하지만, 전체 대학의
정규직 교원 중 여성이 단지 28퍼센트에 불과한
현실[17]을 떠올리면 솔직히 낙관하기는 어렵습니다.
비정규직 교원 중 여성이 차지하는 비율이 더 높은
현실을 바라보면 더 그렇고요.
만약 '여성 교원의 비중을 높이겠다'는 취지에서 저를
후보군에 올리는 학교가 나타난다면 저는 또다시
여성들과만 경쟁하게 되겠지요. 저와 그 여성들 중
누구는 붙고 누구는 떨어질 겁니다. 붙은 여성은
'여성이라 뽑혔다'는 비아냥을 오랫동안 견뎌야 할
테고요.[18]

지난해에 총선이 있었습니다. 비례대표뿐 아니라

지역구 후보로 여성이 출마하는 비율은 조금
더 높아졌습니다. 다만, 그 과정에서 큰 상흔이
남았습니다. 성평등, 페미니즘, 여성 등을 내세운
후보자들은 여지없이 공천 과정에서 미끄러져 본
투표에 이르지 못했으니까요. 그 모습을 지켜보노라면
소설가들의 오찬 풍경에 대해 쓴 당신의 글이
떠오릅니다. 소설가들은 문학에 대해서는 그리
오랜 시간 대화를 나누면서 정작 그 오찬을 마련한
사람들에 대해서는 한마디도 하지 않았다지요. 지금의
여성들도 여전히, 그때의 당신과 비슷한 표정을 짓고
있습니다.

버지니아, 당신에게 늘 묻고 싶었던 것이 있습니다.
버지니아 당신은 여성 참정권이 통과되는 것을
지켜보았습니다. 이후 주변 사람들이 "이제는 많이
나아졌다", "옛날에 비하면 복받았다"는 말을 수시로
하던가요? 성차별도 사라졌고, 더는 그렇게 나쁘지
않은 상황인데, 왜 그렇게 불안하고 예민하게 구느냐는
핀잔을 들은 적은 없나요? 저는 당신이 살던 시대를
'과거의 나쁜 상황'으로 치부하고 '지금은 나아졌다'고

말하는 이들을 만날 때마다, 당시 당신 주변에도
이런 말을 하는 사람들이 많았을 거라며 받아치곤
했습니다.

저는 분명 당신을 비롯한 많은 분의 투쟁 덕분에
버티며 살아가고 있습니다. 당신들이 당대를 잘 견뎌
낸 덕분에, 무엇을 끊임없이 남겨두었던 덕분에 저를
비롯한 뒷세대는 선택지를 더 갖게 된 것이죠. 많은
것이 실제로 바뀌었고, 여전히 바뀌고 있기도 합니다.
하지만 동시에 어떤 문제들이 새롭게 부상하기도
하지요.
페미니즘이 대를 이어 전수되는 동안, 차별 역시 대를
이어 갔습니다. 때로 차별은, 차별받는 이에게 이로운
양 위장 전략을 쓰기도 합니다. 저도 가끔 지금은
많은 것이 나아졌으니 원하는 만큼 마음껏 꿈을
펼치라는 말로 후배들을 현혹하고 싶을 때가 있습니다.
그편이 말하는 이나 듣는 이나 더 편하거든요. 도중에
낙오자가 생기면 못 본 척하며 내버려두거나 그 사람
탓을 하면 그만입니다. 여성의 대학 진학률이 남성을
넘어서기 시작했지만, 취업률은 여전히 남성이 더

높죠. 최소한 내가 피해를 입기 전까지는 이런 현실을
애써 외면할 수도 있습니다.

그러나 버지니아, 저는 당신 같은 분들에게 빚을
졌어요. 그래서 꾸준히 부딪히고 싸우며 살아가려고
합니다. 힘들 때는 잠시 충전했다가 다시 싸워 나갈
생각이에요. 뒷세대에게 '어때? 좀 나아졌지?'라고
뻐기면서 세월을 흘려보내는 대신, 모습만 바꿨을 뿐
더 나빠진 것들을 바로잡으려 애써 볼 생각입니다.
100가지 중 10가지가 해결되었더라도 90가지는
남아 있는 것이고, 때로는 해결된 10가지조차 다른
모습으로 다시 나타날 수도 있으니까요. 어쨌든 저는
살아남아, 계속 무엇에 걸려 넘어지는 이들에게 든든한
기댈 곳이 되어 주고 싶습니다. 버지니아, 당신이
저에게 그랬듯이 말이죠. 당신과 제가 연결되었듯이
뒷세대와 저 또한 그렇게 단단히 연결되면 좋겠습니다.

버지니아, 안녕. 부디 평안하세요.

¶
김이xx,
박최xx가
결혼하면
김이박최xx고,

나중에는
김이박최
천방지추XX가
되나요?

만나서 반갑습니다. 저는 진이오김이진오이 혜민이라고
합니다. 이오혜민이 되자니 모 기업의 요구르트 이름이라
달갑지 않았고, 오이가 되자니 채소는 되기 싫어서 그냥
'혜민'이라고 불리는 걸 가장 좋아하는 진이오김이진오이
혜민입니다.

이 긴 이름은 3대 조상님들 성씨를 이은 결과물이에요.
무려 여덟 글자나 되네요. 저는 평생을 제 의사와
무관하게 오혜민으로 불렸고, 각종 공문서에도 세 글자로
기록되었습니다. 해외에 나가면 감탄사 "오!"처럼 불리는 성씨라
성씨에 늘 불만만 있는 건 아니지만, 3대의 성씨를 따져 보면
'이'가 더 많은데, '오'로만 불린 건 아무래도 합리적으로 보이진
않습니다. 게다가 저는 '진' 씨 성을 가진 할머니를 가장 많이
닮았고, '이' 씨 성을 가진 어머니와 할아버지와도 상당히
많은 가치관을 공유하고 있습니다. 정작 '오' 씨 성을 가진 제
동생과는 꽤 친하긴 해도 완전히 성격이 다르고요.

호주제 폐지되던 날

2005년, 호주제 폐지를 위한 민법 개정 당시 갓 쓴 할아버지들이 거리로 쏟아져 나왔습니다. "호주제가 폐지되면 인간 뿌리 없어진다", "호주제 폐지되면 국민 모두 짐승 된다", "뿌리 없는 나무 없고, 뿌리 없는 자손 없다", "호주 없는 가정 되면 사공 없는 배가 된다" 등 곧 세상이 무너지기라도 할 듯 우려하는 피켓들도 함께 등장했지요. 이 중 최고의 문구는 이것 아닐까요.

"호주제도 폐지되면 애비 성은 '이'가, 자식 성은 '박'가, 손자 성은 '김'가 된다."

세상은 넓고, 혜안을 가진 분은 어디에나 있군요. 그간 우리의 성명은 나를 낳은 엄마의 성, 엄마를 낳은 게 확실한 할머니의 성은 누락해 왔는데, 그걸 찾아 주신 것 아닙니까!

호주제가 폐지된 이후 어머니 성씨를 따르는 것이 가능해졌습니다. 하지만 아직 그 비율은 0.2퍼센트에 불과합니다. 현행 친족법(〈민법〉 제781조 등)에 따르면, 아버지 성씨를 따르는 것이 원칙이고요. 어머니 성씨를 물려주려면 혼인 신고할 때 밝혀야 합니다. 놀랄 일이죠. 아직 아이가 태어나지도 않았는데 자신과 남편 중 누구 성씨를 따를 건지 결정하라는 것이니까요. 꽤 많은 친구가 이 사실을 뒤늦게 알고는 땅을 쳤습니다. 아이에게 자기 성씨를 물려주기 위해 이혼과 재결합 과정을 거칠까 고민하는 친구도 있었죠.

'엄마 성 빛내기' 프로젝트

2024년 3월 8일 '세계 여성의 날'을 맞아 특별한 프로젝트 즉, '엄마 성 빛내기' 프로젝트가 진행되었습니다. 140여 명의 여성이 어머니 본관과 성씨로 변경해 달라고 청구한 것입니다. 이전에도 몇 차례 진행된 적은 있는데, 2024년에는 《경향신문》 플랫 팀도 함께하면서 규모가 좀 더 커졌죠. 플랫 팀은 《경향신문》에서 여성·젠더 문제를 주로 다루는 곳입니다.

동생이 프로젝트에 동참하자고 했습니다. 당시 저는

여기저기에 제출할 서류가 많았던지라 당장은 변경이
어려웠습니다. 결국 동생만 신청했죠. 그런데 아빠 성씨에서
엄마 성씨로 바꾸는 것이니 아빠의 동의를 받아내야 했습니다.
설득은 제가 맡았습니다.

아빠 "성씨는 별 의미가 없는 건데 굳이 바꿀 필요가 있니?"
나   "그러니까 이참에 바꿔 보면 어때요?"
아빠 "장미는 다른 이름으로 불러도 달콤한 향기가 나는 건
      똑같아, 굳이 성씨를 바꿀 필요가 있니?"
나   "무엇으로 불러도 똑같으니까 한번 바꿔도 되지요."

아버지 이견이 성씨를 바꿔도 되는 이유를 보충해 주는
격이어서, 대화 자체가 신선했습니다. 저는 아버지를 계속
설득했습니다. 여성학 박사인 큰딸, 자신의 아이에게 평등의
중요성을 가르치려 노력하는 작은딸의 아버지임을 부각했죠.
성씨를 바꾸는 건 아빠와의 대립이 아닌 협업이라며, 과거의
문학도였던 모습도 환기해 드렸습니다. 자유를 주제로 시를
쓰던 멋진 모습을 다시 보일 기회임을 강조했죠.

마침내 아버지는 용기를 냈습니다. 저는 왜 동생만
본관·성씨 변경 청구서를 제출하게 되었는지, 그럼에도 이

시도가 언니인 나에게 얼마나 중요한 의미를 띠는지 장문으로
썼습니다. 동생은 이 글과 신청서, 아버지의 동의서를
가정법원에 제출했죠. 준비할 서류는 좀 많았지만 생각보다
절차는 간단했습니다.

이때까지만 해도 이런 '시도' 자체에 의미를 두었습니다.
그런데 신청 과정과 신청 이후에 보게 된 것이 의외로
많았습니다.

휴먼 드라마에서 시트콤까지

첫 번째 인상 깊은 장면입니다.

2024년 3월 8일, 저는 휴가를 낸 동생과 함께
서울가정법원 앞에서 진행된 기자 회견에 함께했습니다.
몇몇 참가자가 본관·성씨 변경 청구 이유와 사연 등을
밝힐 때였습니다. 저와 동생은 플래카드 뒤에 서 있어서
기자 회견을 지켜보는 행인들 표정을 볼 수 있었습니다.
중년 남성들은 하나같이 열불이 나는 표정으로 노려보며
한숨을 내쉬더군요. 20년 전 갓 쓴 유생들의 핏대 선 얼굴이
떠올랐습니다. 자꾸 웃음이 나오더라고요. 그 웃음은 중년

여성들의 표정을 보는 순간 멈췄습니다.

마음 한구석이 찌르르 감전되는 기분이었으니까요.
그 중년 여성들은 무심히 지나가다 회견 내용을 듣고는
되돌아왔습니다. 복잡한 표정이었어요. 헤아릴 수 없는 많은
감정이 소용돌이치는 듯했는데 거기엔 세상이 변하고 있는
것에 대한 놀라움, 지난 자신의 삶에 대한 연민 등도 있는
듯했습니다. 카메라만 없다면 그분들에게 달려가 이것저것
여쭤 보고 싶었습니다. 그럴 수 있었다면 아마 회견장에서 들은
것 이상의 얘기들이 한 분 한 분에게서 와르르 쏟아져 나왔을
거예요.

두 번째 인상 깊은 장면입니다.

이건 좀 우스운 일화입니다. 집단으로 신청서를 낸
덕분인지, 예상보다 절차가 빠르게 진행되었습니다. 동생의
경우 한 차례 보정 명령을 받았는데, 그 안내문이 이랬습니다.

청구인의 보○○의 등록부의 부는 "진삼○○"으로 기재되어
있습니다. 등록부 정정 등의 절차를 통하여 보○○의 본이
"전주○○"로 변경된 기본증명서○상세○ 제출하시기 바랍니다.

세상에나! 알고 보니 엄마 본관이 전주가 아닌 전삽으로 잘못 기재돼 있던 겁니다. 두 글자가 너무 비슷해서 담당 공무원이 실수를 한 듯합니다. 당사자인 엄마조차 오랜 시간 알아채지 못했고요. 사실 그걸 확인할 일도 거의 없었을 것 같습니다. 이렇게 보면 본관과 성씨가 무슨 의미인가 싶어요.

저와 동생은 바로 한자를 정정해 보완 서류를 제출했습니다. 이후 한동안 저는 엄마를 놀렸습니다. "어어~ 전삽 이 씨 ○○님" 하면서 말이죠.

한 달쯤 지나 동생의 청구가 인용되었습니다. 엄마 이름으로 가족관계증명서를 떼어 보았습니다. 할아버지와 할머니 아래 저와 동생 이름이 올라가 있었습니다. 할머니와 저 말고는 전주 이씨가 더 많았죠. 저는 제가 매우 좋아하는, 그리운 할머니의 성씨로 변경할 날도 꿈꾸기 시작했습니다. 몇 년 후 제 이름이 진혜민으로 바뀌어 있다면, '아, 꿈 하나를 이뤘구나' 하고 생각해 주세요.

구순을 넘긴 할아버지는 "이○○, 이○○ 멋지다!" 하는 답을 보내왔고, 막 다섯 살이 지난 조카는 엄마와 이모 성씨가 달라진 걸 재밌어합니다. 어느 날은 자기는 이모 성씨를 따라갈 거라 하고, 다음 날에는 뿡○○이나 코딱지○○이 되고 싶다는 말을 꺼내기 시작했어요. 이렇게 전삽 이 씨와 감탄사 오 씨, 진짜 진 씨, 코딱지 씨가 한 가족으로 모이는 대혼돈 시대에 돌입했지만, 이 혼돈은 생각보다 더, 근사했습니다.

사실 족보는 편향된 유전자 정보 시스템이잖아요. 무슨 씨 몇 대손을 이어 가야 한다는 강박에 끊임없이 가족 구성원을 배제해 온 관습을 만들었고요. 생각해 보면 가정법원의 이번 응답은, 결코 빠르지 않았습니다. 긴 시간 관습으로 고통받아 온 이들을 생각하면 더더욱 그렇습니다. 기자 회견을 지켜보던 중년 여성들의 복잡했던 표정이 다시 떠올랐습니다.

본관·성씨 변경을 거치는 동안 우리 가족은 더 돈독해졌습니다. 상대를 더 이해하고 지지하게 되었고, 서로 화해도 했지요. 가족은 가장 친밀한 동시에 가장 가혹하게 굴 수 있는 존재입니다. 이런 가족이 험난한 세상에서 버텨 갈 단단한 울타리가 되어 줄 조건은 무엇일지도 돌아봤습니다.

물론 족보라는 시스템이 마음에 든다면, 계속 그 안에 계시면 됩니다. 하지만 저는 제 근본이 무엇인지 계속 물으며, 더 많은 모험을 해 보고 싶습니다. 아무래도 그편이 저의 상상력을 더 자극하고, 자유롭게 해 줄 것 같네요. 사랑하는 조카 코딱지○○의 세상 역시 더 자유로운 방향으로 전개되길 고대합니다.

¶
여성 인권 좋죠. 하지만

성소수자 얘기는
안 하시면
안 될까요?

그 주에는 자유주의, 급진주의, 사회주의, 교차성 페미니즘 등 페미니즘의 다양한 갈래를 소개할 차례였습니다. 저는 밤을 지새우며 더 열심히 수업을 준비했고, 다음 문장을 내놓은 후 수업을 시작했습니다.

'쓰까페미 vs 랟펨 한번 붙어 보자.'

쓰까페미

쓰까와 페미니스트의 합성어다. 여기서 쓰까는 '섞다'를 뜻하는 경상도 지역 말이다. '교차성'에서 섞다를 연상한 것으로 보인다. 교차성은 1989년 미국의 페미니스트 법학자인 킴벌리 윌리엄스 크렌쇼Kimberle Williams Crenshaw 교수가 고안한 개념이다. 한 사람의 사회적 정체성이란, 그의 젠더·인종·계급 등 다양한 측면이 '교차적'으로 작용한 결과라는 관점이다. 예를 들어 나라는 사람은 여성인 동시에 학생이며, 딸이자 퀴어인 아르바이트생일 수 있다. 교차성 페미니즘은 흑인 페미니즘에 기원을 두고 있으며, BLM(Black Lives Matter, 흑인 생명도 소중하다) 운동과 LGBTQ+(Lesbian Gay Bisexual Transgender Queer/Questioning, 레즈비언·게이·바이섹슈얼·트랜스젠더·퀴어 또는 탐색 중 등) 운동 등과도 밀접하게 연결되어 있다.

랟펨

래디컬 페미니스트의 준말이지만, 보통 젠더학·여성학에서 학문적으로 정의하는 래디컬 페미니스트와는 뜻이 조금 다르다. 주로 '분리주의 페미니스트'를 지칭한다. 분리주의 페미니스트는 남성, LGBT 등 다른 집단과는 연대를 거부하고 오직 '여성들'로 여성들의 문제를 해결하자고 주장한다.

보통 '쓰까페미(이하 쓰까)'는 교차성 페미니즘을, '랟펨'은
래디컬 페미니즘을 말합니다. 각 입장이 강조하는 것이
무엇인지, 아예 대놓고 꺼내 보자는 취지였죠. 반응은
아주 뜨거웠습니다. 수업 시간이 끝나고도 한참 토론이
이어졌습니다. 강고한 성별 이분법 사회라서 어디에서도
인정받기 어려워 고통받는 트랜스젠더 이야기도 나왔습니다.

신기한 건 토론이 진행될수록 처음 자신을 '쓰까' 혹은
'랟펨'으로 정의했던 이들 사이에서 공통점이 도출되기
시작했다는 것이죠. 일례로 탈코르셋 운동 은 여성을 억압한
외모 규범에 반발하는 시도였습니다. 트랜스젠더들의 '치장'
역시 성별 이분법이라는 협소한 규범에 도전하는 시도였지요.

탈코르셋 운동

'여장'을 함으로써 여성들을 조롱하려는 게 아니라요. 사실은 둘 다 사회의 협소한 젠더 규범에 문제를 제기하고 있었습니다. 트랜스젠더를 향한 조롱과 차별에 반감만을 표했던 쓰까들은 탈코르셋 운동에 동참하는 여성들이 느끼는 생존의 두려움 등을 이해하고 공감했습니다. 성별 이분법 사회에서 '여성'이 겪는 고통만을 강조했던 '랜펨'들은 트랜스젠더의 고통에 공감했습니다. 그리고 자신들이 트랜스젠더를 손쉽게 일반화한 걸 반성했죠. 탈코르셋 운동에 동참한 트랜스젠더의 사례도 알게 되었고요. 아무튼 토론 막바지에 이르러선 쓰까였던 이는 "사실 나는 랜펨이었나?" 하고 반문했고, 자신은 랜펨이라고 선언했던 학생은 "알고 보니 난 쓰까다"는 선언을 하기도 했습니다.

학생들은 "가장 억압받는 여성조차도 나름의 권력을 행사한다"는 벨 훅스의 말에 담긴 뜻을 이해한 것 같았습니다. 끊임없이 변모하는 지배와 피지배의 구도를 말이지요. 아울러

벨 훅스(bell hooks, 1952~2021)
미국의 작가, 교육자, 문화평론가, 사회운동가. 독자들이 자신의 이름보다 메시지에 집중하길 바라서 벨 훅스라는 필명을 소문자로만 썼다. 페미니스트로서 젠더와 인종뿐만 아니라 계급, 교육, 사랑, 평화, 예술, 역사, 대중매체, 공동체, 남성성, 교차성 등 '모든' 주제를 사유하고 탐했다. 《난 여자가 아닙니까?》, 《모두를 위한 페미니즘》, 《당신의 자리》 아니 됩니다. 남자다움이 만드는 이상한 거리감》, 《올 어바웃 러브》 등을 썼다.

입장이 다른 사람들이 서로를 이해하기 위해 대화하는 일이
얼마나 어려운지도 알게 된 듯했습니다.

차별받는 이가
다른 이를 차별할 때

저는 학기 말에 학생들이 제출하는 강의 평가를 꼼꼼하게
읽습니다. 굳이 고민할 필요가 없는 혐오 발언은 책이나 논문
자원으로 삼으려고 아카이빙해 두고, 고민할 필요가 있는
의견은 여러 번 복기합니다.

이 과정에서 어떤 학생들의 깊은 속내도 알게 됩니다. 그중
하나가 바로 저 질문입니다. 여성 얘긴 괜찮은데, 성소수자
얘긴 불편하다는 것입니다. 저는 거의 모든 수업에서 성소수자,
다양한 성적 지향을 가진 사람들 얘기를 자연스레 녹여
넣습니다. 일부러 따로 다루지 않습니다. 엄연히 존재하는
사람들인데, 왜 별개의 이질적인 범주에 욱여넣어야 하는지
의문이기 때문입니다. 그런데 이 이야기를 유독 불편해하는
학생들이 종종 눈에 띕니다.

"여성 대상 차별에 관한 얘기는 '좋은 얘기'니까 의미 있고 좋았는데, 중간중간 언급하는 성소수자에 대한 얘기는 영 불편하다."

이런 평가를 보면 일단 저는 안도합니다. 수업 시간에 이런 말이 공개적으로 나오지는 않았으니까요. 모든 공간에 당연히 성소수자가 있습니다. 그리고 공개적으로 이런 말을 듣는다면 그는 자신의 존재가 부정당하는 듯한 기분이 되겠지요.

안도하는 동시에 당혹감도 이어집니다. "가장 억압받는 여성조차도 나름의 권력을 행사한다"는 벨 훅스 말을 다시 떠올렸습니다. 차별받는 이들이 특정한 '타인' 집단을 차별하는 모습을 보게 된 것이니까요. 마음이 복잡해집니다.

타인을 내줄 때
잃게 되는 것들

2018년에 일어난 제주도 예멘 난민 사건도 비슷한 사례죠. 여성들 일부가 예멘 난민이 제주도에 들어오는 것에 강력히 반대한 일이 있었습니다. 반대한 주된 이유는 성범죄가 급증할 수 있다는 공포였습니다. 난민과 여성이 대립하는 구도였지만, 둘 다 가해자 위치에 놓였다는 공통점도 있었습니다. 여성들은 예멘 난민을 성범죄 가해자로 치부했고, 사회에서는 이런 여성들을 난민에게 혐오 발언을 하는 가해자로 보았습니다.

그 결과는 어땠을까요. 난민 인정의 범위를 넓히고, 성범죄 성립과 인정 범위를 넓힐 좋은 기회였지만, 남은 건 '어떤 위험한 난민'과 '어떤 위험한 여성들 혹은 페미니스트'라는 프레임이었습니다. 소수자 집단 대 소수자 집단의 대립으로 끝나 버린 거죠. 이 여성들이 두려워한 건 일상에서 수시로 벌어지는 성폭력이었습니다. 성폭력을 막기 위해 국가와 사법부가 어떻게 달라져야 하는지로 논의가 발전해 갔으면 좋았을 텐데 이런 얘기는 언급조차 할 수 없었던 거죠.

2023년 서울서이초등학교 교사 사망 사건도 비슷합니다. 학생 인권 대 교권의 대립인 것처럼 비쳤습니다. 교사들의 전문성과 자율성을 인정하지 않는 사회 분위기, 잦은 민원에 따른 교권 침해를 막을 장치의 부재, 과중한 업무, 정신적 피해에 대한 회복 시스템의 부재 등등 교사들의 노동권에 관한 논의는 파고들 겨를이 없었죠. 학생 인권, 교권 모두 중요함에도 어느 한쪽의 손을 들어 줘야 한다는 압박감만 점점 커졌습니다. 인권은 제로섬 게임이 아닌데 말입니다.

생존을 중요시하는 현실에서 나와 관련된 것에 우선순위를 두는 것을 뭐라 할 수는 없습니다. 하지만 차별이란 놈은 워낙 고약합니다. 타인을 향하다가도 어느 순간 돌변해 내게로 진격해 올 수 있기 때문이죠. 차별을 알아챘든 알아채지 못했든, 의도했든 의도하지 않았든 간에요. 이처럼 어떤 인권은 중요하고, 어떤 인권은 덜 중요하다는 생각은 결국 내가 속한 곳을 위협하는 것으로 귀결되곤 합니다. 생각보다 자주 그렇습니다.

다음의 시는 나치 치하에서 고초를 겪은 독일의 성직자 마르틴 니묄러가 지은 것입니다. 제목은 〈나치들이 공산주의자들을 덮쳤을 때〉입니다.

나치가 공산주의자를 덮쳤을 때, 나는 침묵했다.
나는 공산주의자가 아니니까.

마르틴 니묄러(Martin Niemöller, 1892~1984)
독일의 루터교회 목사이자 반나치 운동가다.

그들이 노조원을 덮쳤을 때, 나는 침묵했다.
나는 노조원이 아니니까.

그들이 유대인을 덮쳤을 때, 나는 침묵했다.
나는 유대인이 아니니까.

그들이 나에게 덮쳤을 때, 저항할 이들은 아무도 남아 있지
않았다.

어떤 폭력과 차별이 나만은 피해 가기를 바라면서 나
대신 누구를 내줄 때 어떤 일이 일어날 수 있는지 생각해 보면
좋겠습니다.

¶

나는 그런
나쁜 남자
아니라고요,

잠재적 가해자로 보지 마세요!

나는 당신을 잠재적 가해자로 보지 않습니다. 친구들이
단톡방에서 여성 동창들의 외모를 품평하고 있을 때 당신은
침묵한 채 동조하지 않았습니다. 그 덕분에 친구들은 금세
흥미를 잃었고, 품평도 종료되었습니다.

　　나는 당신을 잠재적 가해자로 봅니다. 친구들이
단톡방에서 여성 동창들의 외모를 품평하고 있을 때 당신은
침묵한 채 제지하지 않았습니다. 그 덕분에 친구들은 자기
잘못을 깨닫지 못했고, 시간이 지나 또다시 단톡방에서 다른
여성의 외모를 품평했습니다.

　　나는 당신을 잠재적 가해자로 보지 않습니다. 늦은 밤
귀가하다, 앞서가던 여성의 발걸음이 점점 빨라지는 걸 본
당신은 혹여나 여성이 두려워할까 봐 발걸음을 멈추었습니다.
그 덕분에 긴장했던 여성은 다소 안도하며 무사히 귀가했지요.

나는 당신을 잠재적 가해자로 봅니다. 늦은 밤 귀가하다, 앞서가던 여성의 발걸음이 점점 빨라지는 걸 본 당신은 여성이 두려워하는 모습에 불쾌해했고, 그 불쾌감을 드러내려고 발걸음을 재촉했습니다. 그 탓에 긴장했던 여성의 심장 박동은 몹시 빠르게 뛰었을 것입니다.

나는 당신을 잠재적 가해자로 보지 않습니다. '가족들이 나를 ATM(Automated Teller Machine, 현금 자동 입출금기)으로 본다', '허리가 휜다'는 말이 난무하는 예능 프로그램을 보면서도 당신은 '가장의 고충'을 추임새로 넣지 않았고, 주말이라도 집안 살림에 동참하려고 노력했습니다.

나는 당신을 잠재적 가해자로 봅니다. '가족들이 나를 ATM으로 본다', '허리가 휜다'는 말이 난무하는 조직에서 인사 평가를 맡은 당신은 남성은 가장이니 가혹한 평가를 받으면 안 된다며, 여성보다 남성에게 더 높은 점수를 주었습니다.

남성들이 고득점을 가져간 뒤, 당신이 '가장이 아니'라고 제쳐
둔 여성들만 낮은 인사 고과 점수를 나누어 가지게 했습니다.

　　나는 당신을 잠재적 가해자로 보지 않습니다. 성매매가
비일비재한 현실에서 당신은 언제나 제안을 거절했습니다.
그리고 사회적으로 '남성 됨'의 과정에 성매매가 편입된 방식,
성매매가 사회에 미치는 영향, 성매매 여성들의 현실, 불평등한
경제 구조에 대한 고민을 시작했습니다. 여기서 더 나아가
당신은 성 구매 행위와 여성을 성적 대상화 하는 것, 여성의
불평등한 경제적 지위가 문제라고 지적하며 이런 문제의식을
주변 남성들에게도 알리기 시작했습니다.

　　나는 당신을 잠재적 가해자로 봅니다. 성매매가 비일비재한
현실에서 당신은 "남자들이 다 그렇지, 뭐"라고 대수롭지
않다는 반응을 보이며 동참했습니다. 때로 후배 남성에게 "이런
것도 즐길 줄 알아야 진짜 남자!"라고 부추겼습니다. 이런
지적을 했다고 해서 설마 지금 저에게 "당신 좀 예민한데?!"라며
공격하려던 건 아니죠? "대화만 하고 나왔다", "사회생활이 다
그렇지"라며 둘러대려던 건 아니죠?

나는 당신을 잠재적 가해자로 보지 않습니다. 성범죄, 아동 학대 관련 범죄 조회 동의서에 서명을 요청받은 당신은 현재 구직 중이군요. 저도 꽤 자주 그 동의서에 서명해 보냅니다. 〈아동·청소년의 성보호에 관한 법률〉 제56조와 〈아동·청소년의 성보호에 관한 법률 시행령〉 제25조에 따른 성범죄 전력 조회, 〈아동복지법〉 제29조의3과 〈아동복지법 시행령〉 제26조의4에 따른 아동 학대 관련 범죄 전력 조회라고 하네요. 서명하면서 저는 '나를 잠재적 가해자로 보나?' 하는 의문을 품지는 않았습니다. 아니 품었다고 한들, 증명하는 절차가 꼭 필요하다는 생각을, 사실 이건 가장 최소한의 조치라는 생각을 했어요.

나는 당신을 잠재적 가해자로 봅니다. 이런 내용을 검증해야 할 책임이 있다는 생각을 하는 대신, '나를 잠재적 가해자로 보느냐'고 항변하는 데에만 열을 올리는 모습이 당신을 잠재적 가해자로 보이게 합니다.

나는 당신을 잠재적 가해자로 보지 않습니다. 미투 운동이 활발해지자 당신은 그렇게나 많은 성폭력이 일어나고 있다는 사실에 당황하며 "세상 참, 이상하다"는 말로 안타까움을 표했습니다. 저도 그 말에 동의합니다.

나는 당신을 잠재적 가해자로 봅니다. 미투 운동이
활발해지자 당신은 그렇게나 많은 성폭력이 일어나고 있다는
사실에 당황하며, 피해자가 말하기 시작한 것을 두고 "세상
참, 이상하다"는 말을 내뱉었습니다. 누구에게는 일상적으로
일어났던 그 일을 이제야 알아챈 당신이, 사건을 문제시하는
여성들을 이상하게 여기는 당신이, 오늘따라 유독 더 멀게
느껴집니다. 새삼스러울 것 없이 세상은 원래 이상했습니다.

나는 당신을 잠재적 가해자로 보지 않습니다. 직장 내
성폭력이 공론화되었을 때 당신은 피해자를 지지하고 싶은
마음에 피해자의 신상을 묻고 싶었지만, 바로 그 마음을
중단했지요.

나는 당신을 잠재적 가해자로 봅니다. 직장 내 성폭력이
공론화되었을 때 당신은 피해자를 지지하고 싶은 마음에
피해자의 신상을 물었습니다.

나는 당신을 잠재적 가해자로 보지 않습니다. 당신이

페미니즘을 지지하고, 페미니즘이 세상을 더 나은 방향으로 움직이리라고 믿는 걸 잘 알고 있습니다. 고통을 호소하는 페미니스트들에게 "상대가 잘못했다. 당신의 생각을 듣고 이해가 되었다"는 제스처를 취하는 순간까지요.

나는 당신을 잠재적 가해자로 봅니다. 당신이 지지하는 페미니즘만이, 당신이 생각하는 페미니즘만이 세상을 더 나은 방향으로 움직이리라고 믿기 때문입니다. 고통을 호소하는 페미니스트들에게 "당신도 잘못했다. 상대도 잘못했지만, 당신의 전략도 틀렸다"고 말하며 자기 생각을 일방적으로 강요하는 순간부터요.

나는 당신을 잠재적 가해자로 보지 않습니다. 모든 남자가 그렇지 않다며, 사회적으로 학습된 남성성에 의문을 품고 더 나은 동료 시민이 되려고 끊임없이 반성하고 노력하는 당신을 말이지요. 지금 우리가 하는 얘기의 핵심이 당신의 평판이 아니라는 걸 당신은 잘 알고 있습니다.

나는 당신을 잠재적 가해자로 봅니다. 모든 남자가 그렇지 않다며, 페미니스트들이 자신을 잠재적 가해자로 몰아가는 것이 불쾌해서 페미니즘을 지지할 수 없다고 말하는 당신을 말이지요. 지금 우리가 하는 얘기의 핵심은 당신이 잠재적 가해자인지 아닌지가 아니었을 텐데요.

　나는 당신을 잠재적 가해자로 보지 않습니다. 상대에게 친절하고, 좋은 인상을 주기 위해 애쓰는 모습이 퍽 가상합니다. 상대가 당신을 알아주지 않더라도 괜찮다고, 상대가 당신을 거절하면 그건 상대의 마음이니 당신이 좌지우지할 수 있는 게 아니라고도 하네요.

　나는 당신을 잠재적 가해자로 봅니다. 상대에게 친절하고, 좋은 인상을 주기 위해 애쓰는 것에 대해 상대가 인정하거나 보답하지 않는다며, 갑자기 폭력적으로 돌변할 때 말이죠.

　당신은 잠재적 가해자가 아닙니다. 그리고 당신은 잠재적 가해자입니다. 당신이 모르는 사이에, 당신은 이미 가해를 저질러 왔습니다.

　그래서 지금 우리가 하려던 얘기는 뭐였지요?

3장

오해 좀
풀리셨나요?

¶
'퐁퐁남',
'설거지',
'스윗 한남',

이 말이 무슨 문제인데요?

요즘 온라인상에서 자주 오르내리는 '퐁퐁남'과 '설거지', '스윗 한남' 등에 관해 이야기해 보려고 합니다. 이 말들의 어원과 속뜻을 설명하자니 입이 쉬 떨어지지 않네요. 혹시 이 말들을 가사 노동을 분담하는 남성, 가정 내 주도권을 잃은 남성 정도의 의미로 알고 쓰신 분들이 있다면, 우선 당장 사용을 멈춰 주세요.

성폭력에서 기원한 말

퐁퐁남, 설거지란 말은 남성들의 집단 성폭력에서 비롯되었습니다. 성폭력을 저지른 집단에서 가장 서열이 낮아 맨 마지막에 배정된 상황을 이르는 말입니다. 앞선 남성들이 여성의 질에 남겨 놓은 정액을 빼는 역할을 한다는 의미로 '설거지'라는 은어를 사용했다고 합니다. 이 문장을 몇 번을 썼다 지웠다 했는지 모르겠습니다. 2015년경부터 보이기 시작한 이 말을 왜 굳이 지금까지 살려내 써야 하는 것일까요?

집게손 하나에서도 끝끝내 비하의 의도를 발견해 내는 그들의 예민함은 다 어디로 간 겁니까! 자신을 '잠재적 가해자'로 보지 말라면서요? 어원을 알고도 쓰고 있었다면 아주 적극적으로 가해 행위에 동참하고 있는 것입니다. 모르고 써 왔다면, 모른 채 가해에 동참한 것이니, 이제라도 사용을 중단해 주십시오. 아울러 이 말들을 쓰는 주변 사람들에게도 그만하라고 얘기해 주세요. 상대의 평판이 나빠지지 않게 하기 위해서라도 우정을 발휘해 보자고요.

왜들 이럴까요?

이 은어들을 조금 더 살펴볼게요.

우선 저는 집단 성폭력의 피해자가 엄연히 존재하는 상황에서, 자신이 서열 마지막에 위치했다는 걸

'설거지당했다'는 말로 전유하며, 자신을 오히려 피해자인 양 말하는 그 뻔뻔함에 기함했습니다.

그리고 '퐁퐁남'과 '설거지', 이 둘과 유사한 의미로 쓰이는 '스윗 한남'이 공통으로 가리키는 남성의 유형도 발견했지요. 여느 남성들은 이들을 여성의 눈치를 보는 '호구', 여성의 철저한 계산에 속아 넘어가 결혼한 '희생양'이라며 조롱합니다. 결코 여성에게 진정으로 사랑받을 수 없으며 물질적 자원만 제공하는 'ATM'이라고 비웃죠. 그 조롱과 비웃음은 구체적으로 이런 것이죠. '이미 다른 남자와 놀 것 다 논' 여성과 결혼한 것이라는 조롱, '진정한 사랑'이 아닌 철저한 계산 끝에 간택당한 것이라는 비웃음입니다.

퐁퐁남, 설거지 등의 속뜻을 아는지 모르는지 모르겠지만, 이 단어들로 자신을 지칭하는 남성들을 볼 때가 있습니다. 이들을 보노라면 겹치는 남성들이 있습니다. "결혼하면 끝", "좋은 시절 다 끝났다" 등등으로 결혼한 자신의 처지를 비관하는 듯 말하는 남성들 말이죠. 이 말을 진심으로 믿고 "그러게요. 정말 고생이 많으시네요. 어떡해요?", "아이코, 그렇게 사셔서 어쩐대요?" 하고 동정심을 표하는 순간 분위기가 묘해지는 걸 간파한 분들도 있을 거예요. 사실 저 투정의

속뜻은 이것입니다. "나는 아주 가정적인 가장이다", "나만큼 아내에게 져 주는 남편도 드무니 아내가 내게 더 잘해야 한다", "그간 가정, 아내에게 충실했으니 딴짓 한번 정도는 눈감아 줘도 되는 것 아니냐" 등입니다. 이런 남성이 결혼 초부터 아내의 기를 꺾어 놔야 한다는 강압적인 남성보다는 나은 걸까요?

한강 작가의 소설《채식주의자》는 다음처럼 시작합니다.

아내가 채식을 시작하기 전까지 나는 그녀가 특별한 사람이라고 생각한 적이 없었다. 솔직히 말하자면, 아내를 처음 만났을 때 끌리지도 않았다.

진정한 '스윗 한남'이라면 자신의 아내를 이렇게 표현하지는 않을 것 같습니다. 상대를 "특별"하지도, "끌리지도" 않은 사람으로 폄하한 것이니까요. 이상한 단어들은 치워 두고, 이 문장을 본 감상부터 얘기해 볼까요?

¶
'젠더 갈등'이 싫습니다.

싸우지 않고
평화롭게
지냈으면
좋겠어요!

저도 '젠더 갈등'이 싫습니다. 갈등 자체를 지독히
싫어합니다. 물론 먼저 싸움을 걸어오면 굳이 물러나지는
않지만요.

그런데 젠더 갈등, 실체가 있는 말인가요? 어디에 쓰이는지
살펴보니 안 갖다 붙이는 곳이 없더군요. 스토킹도 젠더
갈등이고, 별거 시 남편이 아내를 폭행해도 젠더 갈등이고,
가정 폭력이 일어나도 젠더 갈등이고, 성폭력·온라인 괴롭힘
등이 일어나도 젠더 갈등이고, 고용 불평등도 젠더 갈등, 직장
내 괴롭힘도, 성희롱도 젠더 갈등이랍니다. 청년 세대 문제, 경제
불평등 문제에까지 갖다 붙이네요. 심지어 저출생 문제 원인도
"페미니스트들이 유발한 젠더 갈등"이랍니다. 이런 만능어가
세상에 또 있을까요?

이래서 저는 이 말이 싫습니다. 무엇보다 기만적이니까요.
하나하나 조명해 해결책을 찾아야 할 문제들을 하나로
뭉뚱그려 놓는 바람에, 그 어느 것 하나에도 주목할 수 없게
방해하거나 아예 문제를 볼 수 없게 덮어 버리기 때문이죠.

스토킹, 별거 폭행·가정 폭력·성폭력·온라인 괴롭힘 등등의 폭력, 고용 불평등, 직장 내 괴롭힘, 성희롱, 청년 세대 문제, 경제 불평등 문제 모두 하나하나 다른 문제입니다.

젠더 뒤에 붙는 '갈등'이란 말은 또 얼마나 안일한 표현인가요. 누구에게는 생존이 걸린 문제를 '갈등'이라고 표현하는 것은, 남의 불행을 강 건너 불구경하겠다는 뜻이고, 그것은 이미 자신이 특권을 누리는 자리에 있음을 증명할 뿐입니다. 갈등은 최소한 동등한 위치에 있는 사람들끼리 쓸 수 있는 말입니다. 모두에게 동등한 여러 개의 선택지가 주어진 뒤에도 의견이 다를 때에나 쓸 수 있는 말이란 거죠.

이분법에서 해방되자!

한국은 이분법이 강고한 사회죠. 젠더는 근본적으로는 이 이분법이 문제라고 지적하기 위해 등장한 말입니다. 예를 들어 젊은 세대가 겪는 경제 불평등 문제를 '이대남' 대 '이대녀'의 갈등으로만, 그러니까 남녀 문제로만 본다고 생각해 보세요. 이런 이분법은 실제 문제들, 이를테면 취업이 어렵고, 설령 취업을 했더라도 비정규직 같은 질 낮은 일자리가 많고, 집값이 너무 올라 내 집 마련을 꿈도 꿀 수 없는 현실을 가려 버립니다. 사실은 이것이 문제의 본질에 더 가까운데 말이지요. 또 한 예로 모든 앞세대는 자신이 속한 계급과 상관없이 뒷세대의 경제 불평등을 만든 원인일까요? 그렇다면 노년층 빈곤 문제는 어떻게 설명할 수 있나요?

젠더는 인간과 사회를 이해할 수 있게 복잡한 질문을 거듭하는 인식의 틀입니다. 비록 답을 쉽게 찾을 수는 없겠지만요. 하지만 원래 현실과 인간 자체는 복합적입니다. 미국의 페미니스트 오드리 로드의 통찰처럼, 단 하나의 쟁점만 다루는 투쟁은 없습니다. 왜냐면 우리는 쟁점이 하나뿐인 삶을 살지 않으니까요.

오드리 로드(Audre Lorde, 1934~1992)
미국의 흑인 레즈비언 페미니스트이자 작가이다. '페미니스트들의 페미니스트'로 불린다. 인종차별, 성차별, 동성애 혐오에 맞서 싸운 활동가이자 이론가이기도 하다. 쓴 책으로 《시스터 아웃사이더》, 《블랙 유니콘》, 《자미》 등이 있다.

여성에게 가해지는 폭력과 차별의 문제를 매일 다루는 여성학자인 저 역시 '여성 ○○○'으로만 살아가지는 않습니다. 삶은 그렇게 단순하지 않으니까요. 오히려 대부분 문제는 저를 '여성 ○○○'으로만 축소할 때 일어납니다.

젠더 갈등이란 말이 지긋지긋하다면, 여성/남성으로만 나누는 세상이 지긋지긋하다면, 이분법 세상이 지긋지긋하다면, 그리고 누구보다 평화로운 일상을 사랑한다면, 함께 제3의 길을 찾아봐야 합니다. 아주 오래된 시도인 주변인 개입법 Bystander Intervention도 그 길을 열어젖힐 방법 중 하나 아닐까요.

주변인 개입법은 5가지 방법으로 실천할 수 있습니다. 누가 갖가지 방법으로 상대를 괴롭히는 장면을 목격했다면, 한번 써 보세요.

주의 돌리기Distract

상황을 진정시키기 위해 가해자와 피해자의 관심을 다른 곳으로 돌립니다. 가해자를 무시하고, 특히 괴롭힘을 당하는 피해자와 직접적인 관계를 맺는 것이 효과적입니다. 이때 괴롭히는 상황을 지적하는 대신 전혀 관련 없는 것을

이야기하세요. 길을 잃은 척하며 길을 알려 달라고 하거나,
'우연히' 무엇을 쏟거나 떨어뜨려 시끄러운 소리를 냄으로써
주의를 돌리는 방법도 있습니다.

위임하기 Delegate

제삼자에게 도움을 구하는 방법입니다. 기꺼이 도와줄
준비가 된 이를 찾으세요. 어떤 도움이 필요한지 가능한 한
명확하게 요청하는 게 좋습니다. "지금 빨간 모자를 쓴 사람이
파란 재킷을 입은 사람을 불편하게 하는 것 같습니다. 제가 파란
재킷이 괜찮은지 물어보는 동안 두 사람 사이에 서서 주의를
산만하게 해 주실 수 있을까요?" 같은 방법이요.

기록하기 Document

사건을 녹음하고 기록하는 등의 방법입니다. 누가 이미
도움을 주고 있어 주변인으로서의 안전이 확보되었다면 기록을
시작하세요. 녹음을 하거나 정황을 글로 기록하는 방법 등이
가능합니다. 피해자의 허락 없이 내용을 사용하거나 온라인에
게시하는 건 절대 안 됩니다. 피해자에게 자료를 어떻게 할지

꼭 물어보세요. 자의적으로 판단하면, 사건으로 인해 형성된
피해자의 무력감을 내가 다시 강화할 수 있습니다.

후속 조치Delay

사건이 순식간에 일어나 개입할 겨를이 없는 경우도
있습니다. 그때에는 사건 발생 이후 피해자가 받은 트라우마를
줄이는 데 도움을 줄 수 있습니다. 피해자에게 괜찮은지
물어보고, 무슨 일이 일어났는지를 설명하면서 상황이 안
괜찮았다는 사실을 알려 줍니다. 그리고 도울 수 있는 방법이
있는지 물어보거나, 피해자와 목적지까지 동행하거나 잠시
함께 앉아 있어 줄 수 있습니다. 또 피해자가 자원을 공유하고
싶어 한다면 신고하는 것을 돕겠다고 제안하거나, 사건 기록을
제공받기 원하는지 물어볼 수 있습니다.

직접 개입하기Direct

가해자와 직접 마주하는 방법입니다. 위험할 수 있으니,
우선 다음을 판단해야 합니다. 자신이 안전한 상황인지, 피해자
역시 안전한지, 상황이 호전될 가능성이 거의 없어 보이는지,

피해자가 자기 대신 누가 목소리를 내 주기 원하는지 등입니다.
직접 개입할 때 명심해야 할 다른 하나는 짧고 간결하게
개입해야 한다는 것입니다. 대화, 토론, 논쟁을 피하세요.
오직 피해자를 돕는 데 집중하세요. "무례한 행동입니다",
"내버려두세요", "당장 멈춰 주세요" 등의 간단한 표현을 쓰면서
말입니다.

¶

'성 중립 화장실'이 여성 안전을 더 위협하는 건 아닌가요?

제가 다닌 독일의 대학교, 독일에서 즐겨 찾았던
공연장에는 '성 중립 화장실gender-neutral bathroom'이 있었습니다.
장애인을 비롯해서 여성과 남성 이분법으로 가를 수 없는
이들까지 모두 편안하게 이용할 수 있는 공간이었죠.
반가웠습니다. 물론 처음부터 그랬던 건 아닙니다.

성 중립 화장실은 말 그대로 성 정체성, 성적 지향,
장애 여부 등에 관계없이 누구나 차별 없이 사용할 수 있는
화장실을 뜻합니다. 흔히 '모두를 위한 화장실'이라고 하죠.
칸마다 잠금장치와 세면대, 좌변기를 갖추고 있습니다. 구조를
상상하기 어렵다면, 보통의 집 화장실을 떠올리면 됩니다.
잠금장치와 좌변기, 세면대 등이 갖추어져 있잖아요. 성 중립
화장실은 집 화장실처럼 완전히 밀폐되고 독립된 화장실
안에 성별, 장애 특성에 따른 편의 시설을 동등하게 갖추어
놓았습니다. 세면대를 공용으로 바깥에 두는 경우도 있지만,
기본 원칙은 저렇습니다. 이런 구조만 봐도, 여성이 더 위험할
일은 사실 없죠.

'모두를 위한 화장실'로!

저는 베를린의 한 극장에서 성 중립 화장실을 처음
보았습니다. 친구는 "우와, 여기 좀 봐봐!" 하며 감탄사를
연발했습니다만, 저는 당혹스럽고 불쾌했습니다. 한국의 '남녀
공용' 공중화장실이 떠올라서요. 대부분 지린내가 진동하는
곳들이었습니다. 웬일인지 거의 늘 물로 질퍽질퍽했고요. 남녀
공용이니 당연히 불안한 상태로 볼일을 보곤 했습니다. 굵직한
헛기침이라도 들릴라치면 화장실 문이 잘 잠겼는지 자꾸
확인해야 했습니다.

이런 기억들 때문에 성 중립 화장실을 보는 순간 저는
유럽인인 그 친구처럼 반색할 수 없었습니다. 친구가 이유를
묻기에 '강남역 살인 사건(2016)'을 비롯해 공중화장실에서
발견되는 무수한 몰카 구멍들과 거기서 촬영된 불법 영상물들
얘기를 들려주었습니다. 친구는 어떻게 그런 기상천외한 일들이
벌어질 수 있냐며 놀랐습니다. 상상조차 하지 못했다면서요.

강남역 살인 사건(2016)
2016년 5월 17일 새벽, 김성민(34세)이 강남의 인근 건물의 남녀 공용 화장실에
숨어들었다가 일면식도 없는 여성을 살해한 사건이다. 한국 사회를 뒤흔든 여성 혐오
범죄 사건 중 하나다.

성 중립 화장실은 익숙하던 관습을 넘어 우리에게 꼭 필요한 화장실의 모습을 질문합니다. 기존 화장실의 문제점들을 해결할 다양한 대안을 제시하며, 궁극적으로 '모두를 위한 화장실'을 향해 나아가지요. 사실 기존 화장실들은 화장실이란 공간 특성과 다양한 화장실 이용자에 대한 고민 없이 만들어졌죠. 그저 효율성만을 추구했다고 생각합니다. 결과적으로는 '아무도 위하지 않는 화장실'이 되어버린 것이죠.

장애인들만 해도 화장실 이용이 얼마나 어렵습니까. 저도 경험한 일입니다. 몇 차례 다리 수술을 받은 일이 있습니다. 한동안 휠체어나 목발에 의지해야 했죠. 휠체어를 이용할 때는 공중화장실에 들어가는 것 자체가 큰 도전이었습니다. 휠체어 회전은 바라지도 않습니다. 애초에 들어갈 수가 없었으니까요. 어렵게 들어간 경우에도 문이 닫히지 않아 문고리를 부여잡고 초조해하면서 볼일을 봐야 했습니다. 좌변기가 없는 화장실이나 계단참에 마련된 화장실일 경우엔 서둘러 돌아나와야 했지요. 얼마나 더 참을 수 있는지 계산하면서 말입니다.

화장실이란 공간 내부에서도 여러 문제가 포착되었죠. 휴지가 없거나 어린 조카가 사용하기에는 변기, 세면대가 너무 높았던 기억도 떠오릅니다. 쇼트커트를 하고 다닐 때는 남자로 오해받은 일도 있고요.

얼마 전 학생들에게 학내 불평등 공간을 찾아오라는 과제를 내준 일이 있습니다. 한 학생이 1층에 있는 '장애인 화장실'을 말하더군요. 5층 건물인데 1층에만 있어 이용하기 불편하다는 겁니다. 2층 이상의 학생들은 엘리베이터를 타고 내려와야 하는데, 엘리베이터는 쉬는 시간마다 붐빈다는 거죠. 입학시험을 보러 왔거나 앞의 수업이 늦게 끝나기라도 하면 장애인 학생들은 더 많은 불이익을 당할 것입니다. 어떤 건물의 장애인 화장실은 각종 비품을 쌓아 두는 창고로 전락하기도 했고요.

하버드의 '소변 투쟁'

입학시험 하니까 1973년 하버드 대학교에서 일어난 '소변 투쟁'이 떠오르네요. 배경은 이렇습니다. 하버드 로웰홀에서 입학시험을 치르던 여학생들은 시험 중간에 화장실에 갈 수 없었습니다. 그 건물에 여자 화장실이 없었기 때문이죠. 하버드는 1636년에 설립되었는데 1945년 첫 여학생이 입학하기까지 300년 넘게 남학생들만 공부할 수 있는 곳이었습니다. 1902년 지어진 로웰홀에 여자 화장실이 없었던 이유죠.

학교는 여학생들에게 길 건너편에 있는 화장실을 사용하라고 했습니다. 그 화장실에 다녀오려면 15분가량 걸렸는데도 말이죠. 제한된 시간에 시험을 치러야 했으니, 명백한 차별이었죠. 시험이 끝난 후 한 여학생이 흑인 여성 변호사이자 사회운동가였던 플로린스 케네디Florynce Kennedy에게 이런 사실을 알리면서 소변 투쟁이 시작되었죠. 〈쌀 것이냐 말 것이냐, 그것이 문제로다!〉는 시위 피켓도 등장했었다고 하네요.²⁶

인간에게 가장 중요한 권리, 오줌권

'모두를 위한 화장실' 논의는 오줌권으로 향해야 할 것입니다. 오줌권은 말 그대로 오줌을 눌 권리죠. 오줌을 제때 편안히 눌 수 없는 사람들이 있다는 방증입니다. 어떤 사람들일까요? 장애인 외에도 많습니다. 근무하는 곳에

화장실이 없거나 인력 부족 등으로 근무 중에 자유롭게
화장실에 다녀올 수 없는 노동자들이 대표적이죠. 중환자실
간호사, 백화점 등의 판매직 노동자, 컨베이어벨트 식으로
운영되는 공장 노동자, 방화복이나 유니폼 등을 입고 일해야
하는 노동자 등 다 열거할 수 없을 만큼 많습니다. 김원영
인권변호사의 말처럼 미리 눌 수도, 조금씩 나눠 눌 수도 없기에
"모든 권리 가운데 '오줌권'이야말로 인간에게 가장 중요한
권리"가 아닐까 싶습니다.

중환자실 간호사

2018년 국회 환경노동위원회의 고용노동부 국정 감사에 21년 차 중환자실 간호사가
참고인으로 나왔다. 이 간호사는 인력이 부족해 화장실 갈 틈이 없어 어쩔 수 없이
환자들이 사용하는 성인용 기저귀를 차고 일했다고 털어놓았다.

백화점의 판매직 노동자

대부분의 백화점 판매직 노동자들은 각 층에 있는 '고객 화장실'을 이용하지 못하게 돼
있다. 그런데 '직원 화장실'은 칸수도 적고 먼 곳에 있어 이용하기 힘들다. 매장을 지킬
사람이 부족한 상황에서는 더욱 그렇다. 결국 오줌을 참거나 생리대를 덜 갈게 된다.
그로 인해 여러 질병에 걸리거나 건강이 나빠진다.

¶
나는
'이퀄리즘'을
지향합니다.

'페미니즘'이 아니라요!

페미니즘 대 이퀄리즘이라는 기상천외한 대결 구도를
만드는 사람을 자주 봅니다. 페미니즘은 여성의 권리만을
신장하고, 이퀄리즘은 여성과 남성이 동등해지는 것을
추구한다는 해설, 아니 주장이 보입니다.

그런데 이분들, 페미니즘은 여성과 남성이 평등해지는
세상을 실현하기 위해 여성의 권리 신장을 얘기한다는 걸
이해하긴 한 걸까요? 도대체 무엇이 불만이기에 페미니즘
대신 이퀄리즘을 하자고 주장하는 걸까요? 아무리 살펴봐도
무엇을, 어떻게 동등하게 하자는 구체적인 얘기가 이퀄리즘에는
등장하지 않습니다. 어떤 사상이 되고 싶었던 것 같은데, 자격을
갖추지는 못한 걸로 보입니다.

그냥 말장난이 하고 싶었던 걸까요. 혹시 뭔가를 창시하고
싶어서 친 장난이었다면, 저도 '혜'미니즘을 추구하는
'혜'미니스트가 되어 보겠습니다. 마침 발음도 페미니스트랑
비슷하네요. … 우리 모두 이쯤에서 농담 그만하죠.
재미없습니다.

말장난은 이제 그만!

이퀄리즘 유사품으로 '성평화'란 개념도 있습니다.
평화, 좋죠. 페미니즘과 평화 운동을 연계하려는 흐름일까,
비폭력 대화를 중심에 둔 페미니즘을 주장하는 것일까.
자못 궁금해 정의를 찾아보았습니다. 성평화를 주장하는
사람들은 "페미니즘은 '파시즘', '페미나치', '공산주의적 기계식
성평등'이지만, 성평화는 '남녀는 함께 맞물리는 존재'이니
'서로 포용'하자는 주장"이라고 설명하더군요. 하지만 서로
맞물리기 위해, 또 서로 포용하기 위해 뭘 하자는 제안은 또
빠져 있습니다. 다 떠나 누구를 파시스트, 나치라고 몰아세우는
사람들이 평화 운운하는 건 좀 그렇지 않나요? 종종 이분들
주장에는 결혼을 촉구하는 내용이 따라붙더군요. 성평화를
주장하는 사람들은 결혼정보회사 소속이거나, 결혼이 간절히
하고 싶은 분들일까 하며 지인에게 우스갯소리를 한 일도
있네요.

이퀄리즘, 성평화 같은 말들은 모두 소수자의 언어를 빼앗으려는 현상이죠. 사회적 소수자들은 현실의 차별을 없애기 위해 오랜 세월에 걸쳐 자신들만의 언어를 만들어 냅니다. 그런데 이퀄리즘, 성평화 같은 말들은 이런 언어를 훼손함으로써, 사회적 소수자들이 고군분투해 이룬 것들을 손상시킵니다. 아무런 의미도, 역사도 없는 생뚱맞은 빈말인데 말이죠.

　　이런 말들은 유해합니다. 가장 큰 이유는 오래전 '휴머니즘 대 페미니즘'의 경우처럼 논쟁 구도를 왜곡함으로써 실제 사회 문제들에 집중할 힘을 앗아 가기 때문이죠. 페미니즘에 휴머니즘이 포함되는데도 서로 대립하는 것처럼 구도를 짜 놓아 무의미한 논쟁에 에너지를 낭비하게 만들어 버립니다. 그 결과 이 논쟁을 지켜본 사람들에게 '지긋지긋하다'는 감정만 남기고 말죠. 이것은 모두의 삶에 아주 중요한 주제, 이를테면 모든 세대에 영향을 미치는 젠더 불평등 문제 같은 것마저 논의할 가치가 없는 무의미한 말장난으로 전락시켜 버립니다. 사회적 논의가 필요한 주제를 회피하게 만드는 부작용이 생기고요.

　　저는 실체 없는 이퀄리즘이나 성평화를 고민하기에는

너무 바쁩니다. 페미니스트로서 배워야 할 이론과 연구해야 할 주제가 아주 많거든요. 그러니 이제, 이런 식의 말장난은 그만두세요.

¶
외국의
페미니즘과
한국의
페미니즘은
다릅니다.

K-페미니즘은
변질되었습니다!

'뷔페미니즘'이란 말 들어 보셨나요? 한국의 페미니스트들을 조롱하는 말 중 하나입니다. 책임은 다하지 않으면서 좋은 것만 뷔페에서처럼 취사선택한다는 뜻이죠. 그런데 일단, 선택지가 제한된 상황에서 더 나은 것을 선택하는 것이 왜 나쁜 것일까요? 그리고 뷔페미니즘이라며 조롱하는 행위 자체가 이미 책임을 다하지 않으면서 좋은 것만 취사선택하는 바로 그 행위 아닌가요?

악용된 '맨박스'

수업 초기에 수업 자료로 토니 포터의 《맨박스 Man Box》를 자주 소개했습니다. 맨박스는 가부장제에서 남성에게 씌우는 억압으로, 남성들이 남자다움을 강요받는다는 뜻이죠. 페미니즘은 남성에게서 맨박스를 해체함으로써 남성인 당신에게도 좋은 영향을 준다고 설득하기 위해 그 책을 자료로 삼은 것이죠.

그런데 몇몇 남학생의 독후감을 보고는 더는 소개하지 않기로 했습니다. 아직은 가부장의 역할을 하는 것도 아닐 텐데, 가부장제 때문에 아주 큰 피해를 입고 사는 것처럼 자신을 부풀렸기 때문이죠. 자기연민에 빠져 있달까요. 이를테면 남성은 모든 궂은일을 도맡아하지만 감정을 삭이고 이성적으로 살아가도록 사회화돼 고통을 겪고 있다는 식이었습니다. 자신들도 가부장제의 피해자니 "앞으로는 곤란한 상황에 처한 여성이 보여도 돕지 않겠다"는 문장을 보고는 맨박스 얘길 꺼낸 것 자체가 후회스러울 정도였습니다. 가부장제에서 남성들은 자신들이 의식하든 안 하든 기득권과 특혜를 누리며 삽니다. 그런데도 피해 운운하면서 어떤 것들마저 하지 않겠다고 징징대는 것이죠. 이것도 일종의 좋은 것만 취사선택하는 전형적인 행동 아닌가요?

한말씀 덧붙이면, 보통 이런 조금은 비겁한 속마음은 그래도 마음 깊은 곳에 넣어 두는 것이 자신의 평판을 위해 더

낫지 않나요? 저는 그 학생의 평판을 생각해 학생의 이름을 열심히 잊었습니다. 이제는 정말로 기억나질 않아요.

변질된 것 맞다!

논문을 준비하느라 페미니즘 백래시 사건만 수집하던 시기가 있었습니다. 고단했죠. 처음에는 말도 안 되는 억지에 피해를 입는 이들을 들여다보는 것이 너무 답답했는데, 비슷한 사건을 계속 접하다 보니 나중엔 내공 혹은 포기가 쌓였습니다. 급기야 어떤 사건을 접해도 마음이 동요하지 않았고, 오히려 치졸함에 웃는 지경에 이르렀지요. 이런 배경에서 쓰인 논문을 들고 학회에 발표를 하러 갔습니다. 각국의 발표자와 인사를 나누었죠. 논문 주제가 무엇인지도 서로 물었습니다.

"저는 한국의 페미니즘 백래시를 연구하고 있어요."

말이 채 끝나기도 전에 여기저기서 탄식이 들려왔습니다.

"그 주제 연구하는 거 너무 힘들지 않아요? 견딜 만해요?"

"걔네들은 도대체 왜 그래요?"
"한국 반페미니즘이 정말 심각하다는 얘기 들었어요."

이런 반응을 보며 이 주제를 왜 연구해야 하는지
설명하려던 마음을 내려놓았습니다. 길게 말하지 않아도 이미
공감해 주고 있다는 걸 알았으니까요. 참으로 오랜만에 느껴
보는 감동이었습니다. 페미니스트 공동체만 벗어나면 외계인
취급을 받고는 했는데, 이곳에서는 저의 이야기가 자연스럽게
받아들여지는 것에 안도했습니다. 한국에서는 반페미니즘이
왜 나쁜지, 페미니즘이 왜 필요한지를 일단, 거의 매일
설명하다시피 해야 했으니까요.

독일에서 6년 동안 공부했습니다. 한국에 돌아가기로
한 날, 독일에서 겪은 일들을 떠올렸습니다. 한번은 중앙역
근처 길거리에서 몇몇 남성에게 괴롭힘을 당한 일이 있습니다.
그 순간 주변 남성 다섯 명이 저를 도울 타이밍을 기다리는
걸 보았지요. 엘리베이터가 북적일 때면 자신의 앞섶에
손을 가지런히 얹고 불필요한 접촉을 하지 않으려고 애쓰는
남성들도 보았습니다. 캄캄한 밤 지나가던 남성에게서 모욕적인
말을 들었을 때 바로 가운뎃손가락을 내밀며 큰소리로

대거리하던 여성, 또박또박 불편한 점들을 밝히던 여성들도
떠올랐습니다. "고맙다", "미안하다"를 입에 달고 다니는 것이
꼭 좋은 전략은 아니라고 조언해 주던 언니들도 있었습니다.
이런 환경 덕분에 저는 제 의견을 밝히는 연습, 감정을 그대로
바라보고 표현하는 연습을 할 수 있었죠.

그런데 한국에 돌아갈 생각을 하니 한숨부터 나왔습니다.

'하, 한국 가면 이런 모습들은 별로 볼 수 없겠지? 답답해서
어떻게 살지?'

믿으실지 모르겠지만, 독일에서 저는 자주 엘레강스하고
따스하다는 평을 들어 왔습니다. 하지만 한국에 발을 내딛는
순간 까칠하고, 불평이 많으며, 예민하고, 늘 시끄럽고, 감정적인
사람이라는 평을 듣게 되겠지요. 결국 무언가를 참지 못하고
폭발하는 날이면, 대거리한 상대보다 저를 더 낯선 존재로
쳐다보며 눈치를 보던 다른 여성들의 얼굴이 떠올라 괴로울
테고요.

"한국의 페미니즘은 변질되었다. 극단적이고, 공격적이다."

네, 한국의 페미니즘은 변질되었습니다.

자기 의견을 말할 때마다 "죄송하지만", "이런 말 어떻게 들으실지 모르겠지만" 등을 덧붙입니다. 상대에게 공격할 의사가 없음을 재차 확인시킨 후에야 자기 의사를 밝힙니다. '쿠션어'를 충분히 깔았으면서도 집에 돌아와서는 혹시 자신이 너무 공격적이고 까칠한 표정을 짓거나 그런 태도로 말을 한 것은 아닌지 계속 돌아봅니다. 상대의 말을 받아쳤다는 이유만으로 자신의 사회성을 의심하고 자책하며 더 나은, 더 평화로운 대응법은 없었는지 반성합니다.

맞습니다. 한국의 페미니즘은 분명 변질되었습니다. 세상 그 어느 땅의 페미니스트가 고작 손가락을, 쇼트커트를, 그 정도의 말을 두려워하겠습니까!

¶
제가 여성을
혐오한다고요?

엄마를 얼마나 사랑하는데요!

저는 당신의 성적 지향이 무엇인지 묻지 않았습니다. 그러니까 당신이 이성애자 남성이라는 걸 굳이 말할 필요는 없어요. 저는 당신의 언어에 담긴 여성을 바라보는 시선, 당신의 행동에 담긴 여성을 대하는 관점에 대해 이야기하는 중입니다.

저렇게 말하는 걸 보니, 당신은 여성과 남성의 성역할이 명백히 나뉘어 있다고 생각하시는군요. 남성의 경제적 능력과 여성의 외모는 교환 가능한 가치라는 의견에 동조하고요. 생계 부양자로서 남성과 가정에 머무르는 전업주부 여성이라는 전형적인 가부장제 도식을 가장 이상적인 모습으로 여깁니다. 돈 버느라 고생하는 아버지는 늘 짠합니다. 반면 엄마는 기본적으로 '집에서 노는' 사람이죠. 실은 엄마 없이 무엇 하나 할 수 없으면서 엄마 능력을 비웃다가 가끔 내키면 사랑한다고 말합니다.

당신은 당신이 기대한 여성의 자리를 지킨 엄마의 희생을 칭송합니다. 그러면서 현 질서와 차별에 의문을 품고 이를 드러내기 시작한 여성들을 '꼴페미'라며 몰아붙이겠지요.

　　당신은 어린 시절부터 또래들과 주변 여성에 대해 얘기했을
겁니다. 그 여성들을 좋아해서 얘기 나눈 것뿐이라고 말하고
싶겠지만, 그 얘기의 대부분은 외모에 대한 것 아니었나요?
"엠창", "니 애미" 등의 표현을 쓰기 시작했거나 들으면서 딱히
제지하지도 않았을 겁니다. 주변 여성들을 "된장녀", "김치녀"
등으로 부르는 것도 망설이지 않았을 겁니다. 아이를 동반한
여성을 보고는 "맘충"이라며 낄낄거리기도 했을 거예요. 관심
있는 여성 연예인이나 주변인들 사진 혹은 동영상에 "ㅗㅜㅑ"나
"눈나 나 죽어", "살만 조금 빼면 더 예쁠 듯"이라는 댓글을
달았을 수 있고요. 누가 그런 댓글을 지적하면 "페미냔",

엠창

　만약 내 말이 거짓말이면 우리 엄마가 창녀라는 뜻의 여성 혐오적 비속어다.

ㅗㅜㅑ

　ㅗㅜㅑ 또는 ㅗㅜ는 놀랍거나 야하거나 대단한 것, 즉 자극적인 것을 보거나 느꼈을 때
쓰는 감탄사의 축약다. 상대를 성적 대상화 하는 한국적인 방식다.

"쿵쾅이"라는 공격도 했을 겁니다. 그리고 누가 온라인 게시판에 어떤 여성의 행동을 욕하는 글을 올리면 같이 욕하거나 신상을 캐오기도 했을 테지요. 당신은 "일부 무개념인 여성"을 향해 그랬을 뿐, 여성 모두를 싸잡아 말한 건 아니라고 말하겠죠.

이 시점에서 묻고 싶습니다. 당신이 생각하는 이상적인 여성의 모습은 무엇인가요. 이상적인 여성의 역할은 무엇이며, 여성에게 적합한 지위는 어디까지인가요.

혐오는 단순히 '싫어하는 감정'이 아니다

당신은 여성을 혐오하고 있다는 지적에 크게 놀라고 당황합니다. '도대체 왜?'를 연발하며 억울해합니다.

우선 당신은 왜 자신을, 여성을 판단하는 자의 위치에

쿵쾅이

남초 커뮤니티에서 쓰는 은어 중 하나다. 자신들의 입을 막으려 달려오는 페미니스트 모습을 의성어로 표현한 것이다. 페미니스트들은 다 못생기고 뚱뚱하다는 뜻을 내포하고 있다. 역시 상대를 '외모'로만 평가하는 전형적인 대상화 방식이다.

두었나요? 당신이 결정하는 여성의 지위와 역할이 왜 정의롭고 당연하다고 생각하나요? 사실 당신이 바라보는 그 여성은 당신과 마찬가지로 자기 의지로 움직이는 고유한 존재 아닌가요?

저는 왜 당신이 자신의 '여성 혐오'를 인식하지 못하는지 늘 의아합니다. '좋아서 그랬다'는 말이, '혐오'를 없는 사실로 만들지는 못합니다. 혐오는 단순한 '싫어하는 감정'만을 의미하지 않으니까요.

상대에게 특정한 역할을 부여하고 거기서 벗어나지 못하게 하는 것, 상대를 자기 의사를 밝힐 수 있는 자율적인 존재로 보지 않는 것, 상대의 말을 들을 가치가 없는 것으로 치부하는 것, 상대를 쉽게 교체할 수 있는 존재로 보는 것, 상대를 외모나 신체 일부로만 평가하는 행위 등등을 '대상화'라 하고, 그 대상화 대상이 여성일 때 '여성 혐오'라고 하지요.

여성 혐오Misogyny란 말은 '차별'이라는 말로 다 설명할 수 없는 일상의 성차별을 속속들이 드러내 공론화하는 데에 큰 도움이 되었습니다. 많은 이가 이 키워드를 통해 여러 문제를 드러냈고, 또 그 문제들을 해결해야 한다는 데 공감했습니다. 그 덕분에 지금의 젊은 세대 대부분은 여성 혐오의 심각성을 금방

파악합니다. 여성 혐오가 공론화된 지 벌써 8년이 지나기도
했고요.

그런데 이 기간 동안 온라인이든 오프라인에서든,
숏폼이든 긴 동영상에서든, 책을 통해서든 아니든, 여성 혐오에
대해 꽤 많은 지식을 쌓은 집단과 그렇지 않은 집단 사이의
지식 격차가 커지기도 했습니다. 공부를 하지 않은 후자의
집단은 여성 혐오란 단어가 가진 사회적 맥락을 모두 제거한 채
'싫어하는 감정'으로만 '혐오'를 이야기하기 시작했죠. 괴롭힘과
폭력, 스토킹 등의 밑바닥에 명백히 여성 혐오가 깔려 있는데도
그런 행동이 '여성 혐오'임을 지적하면 '좋아서 그랬다'는
뜬금없는 변명을 늘어놓습니다. 나는 상대를 싫어하지 않는다.
오히려 너무 좋아한다며 억울한 표정을 짓는 것입니다.

그 여성에 대해
얼마나 알고 있나요?

당신은 엄마를 사랑한다고 했습니다(아, 혹시 엄마가
어려우면, 사랑하는 여성을 떠올려 보세요). 이제 '어떻게' 사랑하고
있는지 돌아볼 차례입니다. 당신은 엄마를 충분히 이해하고

있나요? 엄마가 무엇을 좋아하고 싫어하는지, 엄마의 인생 목표가 무엇인지, 현재 가장 큰 즐거움과 어려움은 무엇인지, 가장 소중히 여기는 어린 시절 추억이 무엇인지, 친한 친구가 누구인지 등에 대해 알고 있나요? 엄마의 말과 표현에 담긴 속뜻이 무엇인지 곱씹으며 이해하려 한 적은 있나요? 당신의 요청을 거절할 때 왜 그랬는지 생각해 본 적이 있나요?

혹시 당신은 당신이 그려 놓은 이상적인 어머니 모습에 어머니가 미칠 때는 칭송하다가 미치지 못하면 상실감이나 분노심을 표하지는 않았나요? 당신의 기대와 정반대인 모습을 보일 때 어머니를 얼마만큼 존중할 수 있나요? 그런 엄마에게 좋은 친구가 될 수 있나요?

저도 아직, 여성을 혐오합니다. 무심코 쓰는 표현에, 무엇을 바라보는 시선에, 무엇을 평가하는 마음에, 무엇을 선택하는 과정에, 제가 하는 모든 생각과 행동에 '여성 혐오'가 깃들어 있습니다. 여성 혐오가 없는 평등한 세상을 저도, 당신도 아직 오롯이 살아 보지 못했거든요. 그러므로 우리는 평생, 남아 있는 혐오의 흔적을 지우기 위해 노력해야 할 겁니다.

당신과 저의 차이는 혐오를 발견하고자 노력했느냐

아니냐에 있을 뿐입니다. 앞으로 그 차이를 유지할 것인지, 없앨 것인지는 이제 당신에게 달려 있습니다.

몇 년 사이에 세상이 많이 변했습니다. 반페미니즘을
목숨줄처럼 여기는 이가 주요 언론에 자꾸 등장하고, 그
탓인지 차이를 이해하기 위해 노력하던 분위기도 슬쩍 이
흐름을 따라가고 있습니다. 페미니스트 검열은 시작되었고요.
그런데 페미니스트를 표적으로 삼던 이들은 또 다른 집단을
맹렬히 공격하기 시작합니다. 취약한 이들이 더 취약한 상태로
내몰렸죠. 점점 더 세상이 폐허가 되는 듯합니다.

교실만은 안전한 공간으로 남기를 바랐습니다. 그런데
세상 흐름에 교실 안도 휘청입니다. 혐오를 가벼운 농담처럼
내뱉는 이들이 등장했습니다. 그런 말들에 누구의 마음이
깊게 베였습니다. 피해자는 저일 때도 있고 다른 학생일 때도
있었습니다. 이런 상황에 마음이 자주 무너져 내렸습니다.

저는 여전히 모르는 게 많아서, 말문이 막혀서, 나의 행동과
말이 서로 모순되는 것 같아서, 누가 나의 이중성을 비웃을까

봐 움츠러듭니다. 영 변하지 않는 현실에 마음이 서늘해질 때도 있습니다. 하지만 이런 마음과 좌절을 표출할 수는 없습니다. 나까지 지친 모습을 보이면 주변 사람들도 함께 지칠까 봐서요. 쉬어 갈 수 없어 더 힘들지만, 억지로라도 견뎌 내고 있습니다.

사실 저는 매번 지고, 매번 실패합니다. 하지만 누구의 마음에 다가가려던 그 모든 용기가 지금 당장은 실패한 것처럼 보이더라도 영원한 실패가 아니라는 걸 믿습니다. 그런 믿음을 갖게 한, 거짓말 같은 순간을 경험했으니까요. 작은 용기를 보여 주면 더 큰 용기가 돌아왔습니다. 온 마음을 다해 이어지길 바라면 그 마음은 늘 어떤 방식으로든 답을 받았습니다. 지금 당장은 아니고, 그 답이 내가 상상하던 모습이 아니더라도요. 오만 가지 방법을 동원해도 여간해서는 보이지 않던 변화가 예상치 못한 장소와 순간에 불쑥 '발견'되듯이 말입니다. 그런 것을 보면서, 세상이 나아지지 않는다고 주저앉기보다 세상이 어디로라도 계속 움직이게 만들자고 다짐했습니다. 계속 지는

누구의 그 싸움이 저를 번번이 일으켜 세웠으니까요. 그러므로
저는 다시 쓰고, 말하고, 싸우고, 좌절하며, 계속 살아갈
것입니다.

다시 세상을 일으키려는 당신의 여정에 이 책이 탄탄한
길이 되어 주길 바랍니다.

주

1 아이리스 매리언 영, 《차이의 정치와 정의》, 김도균·조국 옮김(모티브북), 106~ 160쪽.

2 McIntosh, Peggy, 《On Privilege, Fraudulence, and Teaching as Learning. Selected Essays 1981-2019》, (New York: Routledge, 2020).

3 〈'페미니즘 세뇌' 시키는 교사 조직?…'불온사상' 돼가는 성교육〉, 《한겨레》 2021년 6월 8일 자.

4 2021년 5월 18일 대통령기록관 게시판에 〈페미니스트 교사 조직의 아동 세뇌 및 학대 논란 공개 요청〉이란 글이 올라왔다. "페미니스트 교사들이 저연령 아동층에게 지속적/조직적인 방식으로 급진적인 페미니즘 사상을 주입하"고 있으니 서둘러 수사해 달라는 내용이다. ※ 관련 사이트:

5 〈네이버웹툰 '참교육', 인종차별 논란에 북미서 서비스 중단〉, 《연합뉴스》 2023년 9월 16일 자.

6 홍성수, 〈혐오표현의 규제: 표현의 자유와 소수자 보호를 위한 규제 대안의 모색〉, 《법과 사회》, 50, 287~336쪽.

7 김영경, 〈생리휴가 이용/불가 경험을 통해 본 일터에서의 재생산 건강〉, 이화여자 대학교 여성학과 석사 논문(2024).

8 캐런 메싱, 《일그러진 몸》, 김인아·류한소·박민영·유청희 옮김(나름북스), 254쪽.

9 세바시 〈차별은 비용을 치른다(손아람)〉. ※ 관련 사이트:

10 〈서울시 '여성 우선 주차장' 14년만 역사 속으로〉, KBS 2023년 7월 17일 자. 〈14년 만에 '여성우선주차장' 사라진다…서울시, 가족주차장 전환 추진〉, 《서울신문》 2023년 2월 15일 자. 〈역사 속으로 사라지는 여성우선주차장 논쟁의 14년〉, 《여성신문》 2023년 3월 3일 자.

11 〈'여성 할당제' 폐지하라!… 그런데 정작 폐지할 게 없다?〉, 《한겨레》 2021년 5월 22일 자.

12 〈靑 '블라인드 채용' 했더니…합격자 6명 전원이 여성〉, 《머니투데이》 2017년 12월 13일 자.

13 오혜민, 《포스트 페미니즘 리부트 시대, 여성 청년 페미니스트의 부상과 인식론적 취약성》, 이화여자대학교 여성학과 박사 논문, 78쪽. 〈남녀평등 가장한 성차별, 채용 성비 5:5의 민낯〉, 《한겨레》 2021년 7월 14일 자 참고.

14 교육 공간에서 압도당하는 여성 학습자 이야기, 남성 지배 사회에서 여성이 강요당하는 '침묵'에 관해서는 다음 논문들을 참조했다. Shrewsbury, 〈What is Feminist Pedagogy?〉, 《Women's Studies Quarterly》, 25(1/2), 166~173쪽. Lewis & Simon, 〈A Discourse Not Intended for Her: Learning and Teaching Within Patriarchy〉, 《Harvard Educational Review》, 56(4),

457~473쪽. 오혜민, 〈침묵으로 쓰는 백래시 시대의 페미니스트 페다고지〉, 《여성학 논집》, 39(1), 3~33쪽.

15 Jordan, Ana, 〈Conceptualizing Backlash: (UK) Men's Rights Groups, Anti-Feminism, and Postfeminism〉, 《Canadian Journal of Women and the Law》, 28(1), 18~44쪽.

16 Silva, Kumarini & Mendes, Kaitlynn, 《Feminist Erasures: Challenging Backlash Culture》, (New York: Palgrave Macmillan). McRobbie, Angela, 〈Post-feminism and popular culture〉, 《Feminist Media Studies》, 4(3), 255~264쪽.

17 〈임용 늘었다지만…국립대 여성 전임교원 비율 여전히 20%도 못 미쳐〉, 《경향신문》 2022년 12월 27일 자.

18 〈[교수性比 불균형①] 단독-'강사' 女 많고, '정교수' 男 압도적〉, 《시사저널》 2019년 1월 23일 자.

19 버지니아 울프, 《자기만의 방》.

20 〈[사회 포토] 유림, 호주제 폐지 반대시위〉, 《동아일보》 2003년 6월 10일 자.

21 〈1천 명에 2명뿐…'엄마 성'은 언제까지 '예외'여야 할까?〉, 《한겨레》 2023년 1월 27일 자.

22 〈'엄마 성 빛내기'를 시작합니다!〉, 《경향신문》 2023년 12월 18일 자.

23 〈"성씨 별거 아니라면 왜 엄마 성은 안 되나요?" '엄마 성 빛내기' 전국 법원에 40여명 성·본 변경 청구했다〉, 《경향신문》 2024년 3월 8일 자.

24 오혜민, 〈혐오가 된 '충분한 근거가 있는' 불안: 난민과 여성의 공포 인정 논의를 중심으로〉, 《젠더와 문화》, 12(2), 157~191쪽.

25 Darley, J. M. & Latane, B., 〈Bystander intervention in emergencies: Diffusion of responsibility〉, 《Journal of Personality and Social Psychology》, 8, 377~383쪽.

26 〈'오줌권'을 위한 투쟁은 아직 끝나지 않았다〉, 《시사인》 2019년 11월 8일 자.

당신은 제게 그 질문을 한 2만 번째 사람입니다

초판 1쇄 발행 2025년 2월 10일

지은이 | 오혜민
펴낸곳 | ㈜태학사
등록 | 제406-2020-000008호
주소 | 경기도 파주시 광인사길 217
전화 | 031-955-7580
전송 | 031-955-0910
전자우편 | thspub@daum.net
홈페이지 | www.thaehaksa.com

편집 | 조윤형 여미숙 김태훈
마케팅 | 김일신 김민선
경영지원 | 김영지

ⓒ 오혜민 2025. Printed in Korea.

값 16,800원
ISBN 979-11-6810-330-6 03300

도서출판 날은 ㈜태학사의 인문·에세이 브랜드입니다.

책임편집 여미숙
디자인 이유나